sobinfluenciaedições

Ódio ao direito

MURILO CORRÊA

7 **AINDA ASSIM, ALGUÉM ASSOBIA**

18 ***LEITMOTIV***

[Ódio ao direito] 18
[Pontas soltas] 20
[Fazer existir] 22
[Preposições e conjunções] 26
[A jurisprudência dos corpos] 30

34 **AS FORMAÇÕES SOCIAIS**

[Soberania, disciplina, biopolítica] 42
[A indeterminação dos controles] 51
[O nómos das sociedades de controle] 58
[Hilemorfismo em transe] 64

71 **TEORIA DAS PALAVRAS DE ORDEM**

[Palavras e coisas] 71
[O comando e o performativo] 73
[Técnicas e capital] 76
[Direito e algoritmos] 81
[Para dar um fim ao performativo] 83
["equivalentes de atos jurídicos"] 85
[Uma matéria mais ardente
do que os corpos e as palavras] 91

96 **JURISPRUDÊNCIA E CAMPO SOCIAL**

[Entre as resistências e as fugas] 96
[O que é a jurisprudência?] 102
[Quem são, e o que fazem, os juízes?] 107
[O que faz a jurisprudência?] 112
[Instituição e inconsciente] 115
[Os dois usos da jurisprudência] 121

130 **AS OPERAÇÕES DO DIREITO**

[Para dar um fim ao hilemorfismo] 130
[Pragmática das singularidades] 134
[Como funcionam os agenciamentos jurídicos?] 143
[Ficções operando o real] 151

162 **TRANSINDIVIDUAÇÕES**

[Equipamentos coletivos] 162
[As individuações no direito] 170
[Grupos de usuários] 179
[Monadologia e ecologias] 188

199 **NÓMOS E RITORNELO**

[A terra e a pólis] 199
[O antilogos] 208
[As lutas e os ritmos] 213
[De volta ao ritornelo] 225

230 **UMA POTÊNCIA TERRÍVEL (DELEUZE INTERCESSOR)**

Anything that is not going forward is on the way out

William Burroughs

AINDA ASSIM, ALGUÉM ASSOBIA

Renan Porto

É uma experiência comum a qualquer estudante que ingressa numa faculdade de direito, ou a qualquer um que se interesse em pensar sobre o direito, e que tenha o mínimo de senso de justiça social, perceber as distâncias e contradições entre o que o direito garante enquanto norma e como o sistema jurídico funciona na prática em sua relação com o social. Claro, isso não se restringe a um curso ou área disciplinar. E não precisamos nos circunscrever a uma área para perceber como as instituições jurídicas afetam a todos e são parte também da nossa experiência política. No entanto, gostaria de trazer alguns elementos de quem passou por uma faculdade de direito. Não para falar do direito apenas enquanto uma disciplina, mas também de outras realidades que permeiam o contexto deste curso acadêmico no Brasil.

Segundo informação divulgada pelo site nacional da OAB, em 2022, existiam no Brasil 1,8 mil cursos jurídicos em atividade com mais de 700 mil estudantes matriculados e uma proporção de um advogado para cada 164 habitantes.[1] Grande parte dessas pessoas vêm de classes sociais menos favorecidas, sendo estudantes oriundos do ensino público, principalmente no caso de universidades particulares em

[1] Estas informações estão disponíveis no link: https://www.oab.org.br/noticia/59992/brasil-tem-1-advogado-a-cada-164-habitantes-cfoab-se-preocupa-com-qualidade-dos-cursos-juridicos.

periferias urbanas e cidades do interior do Brasil.[2] Eu passei por uma dessas enquanto bolsista do Prouni e pude notar que, principalmente nas aulas noturnas, meus colegas eram, em sua maioria, trabalhadores precarizados que lutavam para pagar a faculdade. E quando, de repente, essas pessoas começam a estudar o direito, questioná-lo e perceber o grande abismo entre seu funcionamento e a realidade injusta que muitas delas enfrentam para acessar estes espaços, quais recursos encontram para habitar essas contradições?

À medida que mergulhamos na literatura crítica sobre o direito, começamos a notar as diferenças entre, por um lado, as formalidades normativas, técnicas e procedimentais operantes nas instituições jurídicas e, por outro, as sórdidas relações de poder numa sociedade profundamente desigual e com assimetrias de classe, raça, gênero, distribuição regional das riquezas, dentre outras. Sendo que estas últimas condicionam relações de poder influentes no modo como aqueles aspectos técnicos e formais do direito são manuseados.

No nível teórico e epistemológico, temos então uma grande distância entre as teorias jurídicas que se ocupam principalmente com os problemas técnicos e procedimentais que o direito deve resolver institucionalmente e as teorias críticas que buscam expor os vícios implícitos nessas instituições por causa das relações de poder que as moldam e lhes são condição estruturante. Embora isso remeta a uma história das ideias jurídicas que cria essas distâncias entre, por exemplo, teorias positivistas que buscam purificar o direito e dar-lhes autonomia epistemológica e metodológica própria e teorias críticas

[2] Veja os dados do Mapa do Ensino Superior do Brasil 2020, estudo realizado pelo Instituto Semesp: https://agenciabrasil.ebc.com.br/educacao/noticia/2020-05/mapa-do-ensino-superior-aponta-para-maioria-feminina-e-branca.

do direito que contextualizam este na teia de relações sociais que o produz, o contexto contemporâneo é mais diverso.

As incontáveis vertentes de estudo do direito que surgem colocando-o em relação a praticamente tudo, da ecologia às artes, e da computação à geologia, mostram o quanto o direito não é uma coisa fechada em si mesma, mas algo que está o tempo todo vazando suas próprias bordas formais. Apesar dessa variedade de abordagens, enquanto prática o direito acaba sendo predominantemente técnico, mobilizando uma subjetivação dura e burocrática. Para quem o procura enquanto possibilidade profissional, isto parece ser o que importa. Afinal, é o que paga as contas.

Que triste fim seria se parássemos por aí, nessa conclusão fatídica, desencantada e que tem algo real. Mas acredito que seja justamente aí que *Ódio ao direito* nos desafia: no realismo. Debaixo de um terno, ou até mesmo de uma toga, tem um corpo que pulsa, que sua, que geme e goza, e tem medo, e sente calor e cansaço, e por vezes ainda delira com sonhos de justiça e transformação. É no excesso do amontoado de processos mofados sufocando os técnicos judiciais que uma realidade aleatória de relações acontece. Desde o ônibus lotado da manhã até a cerveja gelada que aplaca o sufoco e a ansiedade no final do dia.

O direito em si é detestável. Pelo menos alguma gota de suor de uma mão ansiosa deve manchar as páginas de um processo, uma noite mal dormida por causa de um sexo voraz ou uma briga fatal pode mudar o curso de uma audiência ou entrevista e a disposição subjetiva de quem as realiza. Claro, essas influências não são aceitáveis, e para isso há normas e suas consequências. Mas a obra de Corrêa mostra que os corpos afetam e são afetados pelo direito em dimensões amplas e intensas. E, para isso, há o real e seus acontecimentos. Mais curioso: as normas e burocracias também suscitam acontecimentos e mutações do real, relações e encontros aleatórios bordejam o que há de mais careta e travado no direito.

São vários os recursos críticos disponíveis para criticar o direito, mas na maioria das vezes não são uma prioridade nos cursos de caráter tão técnico e profissionalizante quanto o das faculdades de direito. O que é parte também do fato de que, com a mercantilização da educação pelas universidades privadas, que vendem seus serviços conforme a demanda de mercado, a maior parte dessa gente trabalhadora que procura o curso de direito como forma de ascensão social precisa da qualificação técnica para esse objetivo. É também parte da realidade da classe trabalhadora sempre dar um jeito para conseguir estudar e manter um ritmo de constante qualificação profissional, ao passo que o tempo é escasso para se dedicar a outros tipos de leituras.

Ao trazer isso, não quero fazer uma concessão populista a esta realidade e discorrer sobre o que deveria meramente atender as pessoas nessas condições, pois são tais condições e o que as produz que deve ser posto em questão. Pelo contrário, trouxe essas informações para questionar as condições materiais que moldam as subjetividades, condicionam as possibilidades e modulam os desejos e interesses sociais.

Como se dedicar a estudar, pensar e agir sobre aquilo que limita estas mesmas ações ao mesmo tempo que precisamos de melhores condições de vida? Aqui, já não estamos mais restritos a qualquer área do conhecimento, nem mesmo à universidade. Estamos falando de algo que configura a vida contemporânea de modo generalizado. Na biopolítica capitalista e seu ecúmeno colonial sobre o globo, precisamos inscrever nosso corpo nas malhas de relações monetárias, informacionais, digitais, laborais e jurídicas para atender às próprias necessidades de existir.

A tradição da autonomia operária que emerge na Itália dos anos 1970 elaborou o conceito de *capitalismo cognitivo* para descrever como nossas dimensões subjetivas, psíquicas e afetivas são investidas nos novos modos de produzir e trabalhar num capitalismo pós-fordista, onde o trabalho não se concentra mais sobre o chão de fábrica, mas se espalha pela cidade. Mesmo que os recursos críticos para questionar toda essa maquinaria, que inclui o direito, estejam disponíveis – e considere a abundância de informação disponível na internet –, onde estaria o desejo, e o tempo que lhe é condição de experiência, para pensar contra o direito?

Considerando essas indagações, o conceito político de "sociedades de controle", de um dos últimos ensaios de Gilles Deleuze nos anos 1990 discutido neste livro, é um conceito sobre os modos de funcionamento do poder. É uma ideia cibernética do poder e como este funciona modulando os circuitos de informações e fluxos libidinais que engendram as subjetividades e as conectam aos ritmos de trabalho intenso movido por horizontes irrealizáveis de desejo. É um exercício do poder que dispensa o uso direto da força sobre os corpos, que são impelidos a agir e se comportar pelo próprio desejo maquinado por telas, algoritmos, imagens, jogos de som e luz que não determinam mecanicamente, mas modulam as conduções subjetivas. No entanto, quando Deleuze escreve sobre isso, ele também diz sobre a simultaneidade de modos operativos do poder tais como a soberania (o poder de decidir sobre a vida de outrem e poder fazer uso da força para tanto), a disciplina (as pequenas coerções infligidas individualmente para produzir uma consciência e uma alma que se autocoage) e o controle (que já não funciona mais de modo individualizado, mas estatístico e modular tomando as subjetividades de modo fragmentado e *dividual*).

É comum que o conceito de controle seja tingido com imagens distópicas de grandes aparatos tecnológicos controlando nossos cérebros como no filme *Matrix*, o que pode fazê-lo parecer algo distante da realidade sórdida das periferias do Sul Global onde o braço armado do Estado contra corpos racializados e a violência fratricida interna a essas comunidades ganham o tom mais evidente quando o assunto é poder. Mas quando percebemos que a distopia nos é contemporânea, vemos que aquele futuro bizarro imaginado nos filmes de ficção científica já é real e presente, mas de modo banal e sem grandiloquência, em nossos cenários mais precários, onde os centros científicos ou altas tecnologias de serviços de saúde, educação e transporte não chegam, mas ainda assim todo mundo está com um celular na mão que de algum modo os conecta ao Vale do Silício e alhures.

Para muitos, aquela telinha é meio de trabalho e correria cotidiana. Desde entregadores de *delivery*, motoristas de Uber ou qualquer um que crie uma loja virtual com uma página no Instagram. Cabe ressaltar, isto está longe de ser uma realidade apenas em países periféricos. Aproveitando o contexto em que escrevo e os conceitos que Murilo mobiliza, basta lembrar o caso do Sindicato de Trabalhadores Independentes em Londres, o IWGB – Independent Workers of Great Britain, que organiza a luta de entregadores, limpadores, dentre outros que são em sua maioria imigrantes, não brancos e seriam um bom exemplo do conceito de grupos de usuários discutido neste livro.

Aquilo que Deleuze chamou de sociedades de controle pode remeter a um lastro de reflexão mais extenso que cruza a tradição filosófica. Existe uma linhagem de pensadores que remete ao século XVI que interroga o que molda o desejo. Naquele século, Étienne de la Boétie questionava por que as multidões desejavam a própria servidão e não se revoltavam contra os regimes que lhes sugavam as almas. No século seguinte, Baruch de Espinosa, ao escrever sua clássica *Ética*, levantava o problema de que desconhecemos o que determina nossa vontade e o que nos leva a querer isto ou aquilo. Mais tarde, um de seus filhos bastardos, Friedrich Nietzsche, fazia soar no canto da noite de *Zaratustra* a frase: "*Há qualquer coisa em mim não aplicada nem aplicável, que quer elevar a voz.*"

O que a coisa em mim quer? Para essa tradição de filósofos, o sujeito nunca foi algo transparente, em pleno domínio de si e soberano sobre seus impulsos e vontades. Carente de uma interioridade fechada e blindada contra determinações exteriores, o sujeito era entendido como uma entidade porosa a causalidades obscuras que influenciavam suas ações. Não preciso citar Freud para chegar ao nosso intercessor neste livro e também um filho monstruoso dessa tradição: Deleuze.

Mas há algo estranho aqui. Nossos mais inquietos conflitos geopolíticos, típicos de um mundo interconectado e globalizado que invade nossas telas portáteis e nos permitem saber o que se passa do outro lado do oceano, parecem espernear aqui. Mas quanta contradição! Começar falando da realidade de trabalhadores e estudantes periféricos e saltar para a tão impositiva tradição ocidental. Nós – ou pelo menos eu, para não ter que falar por ninguém – crescemos tão longe de bibliotecas. Nas nossas telinhas de bolso borbulham representações de nossas dores e mais profundas desigualdades com inúmeros *influencers* para canalizar os nossos ressentimentos e apontar mais uma desigualdade num mundo em que as assimetrias são cada vez mais brutais.

O vão absoluto dessas assimetrias parece pesar como um grande bloco de chumbo que não deixa nada atravessar e divergir no caminho um movimento disperso. Essa massa de chumbo bate sobre o chão da consciência com um som estrondoso. É inegável o peso de sua realidade. Ainda assim, alguém assobia. Quase não percebemos, mas faz sol ao redor. Entre o mais forte e o mais fraco, um fio sonoro, um filete de luz, faz ver quanta coisa se passa, quantas experiências e relações acontecem e querem se fazer existir, mas que a densidade do chumbo desconhece. E apesar disso tudo, veja que ironia histórica: daquela mesma tradição de filósofos que condenavam os povos africanos ao vazio de história e autodeterminação, tal como fizeram Kant e Hegel,[3] surgem conterrâneos seus demonstrando de forma atestada empiricamente que todos eles eram movidos por neuroses, manias, perversões e impulsos incontidos.

Ao final do século XX, com toda a quinquilharia digital que criaram, todos se tornam também corpos afetados por uma cascata de determinações exteriores que implode sua capacidade de concentração, a possibilidade de processar tamanha quantidade de informação e as condições racionais de autodeterminação.

Se considerarmos as estatísticas sobre saúde mental em Londres, onde uma em cada seis pessoas sofre de depressão, sobretudo por causa das dificuldades com o custo de vida,[4]

[3] Vejam o que dizem sobre isso Denise Ferreira da Silva em seu *Homo modernus* e Achille Mbembe em *Sair da grande noite*.

[4] Mais informações disponíveis aqui: https://www.ons.gov.uk/peoplepopulationandcommunity/healthandsocialcare/mentalhealth/articles/cos-

e 34% dos jovens entre 18 e 24 anos sofrem de algum tipo de problema com saúde mental,[5] as condições para ser um sujeito racional dono de si não são as melhores. Habermas até chora, mas não vamos subestimar um homem quase centenário. Murilo escreveu da Argentina, e do Paraná, onde eu espero que a chuva seja amena, pois os humores de Gaia não estão favoráveis às condições de pensar no extremo sul.

O direito é a joia da coroa desse fetiche racional moderno e ocidental. É a instituição com pretensão de tornar objetivos, racionais, técnicos, imparciais e neutros os processos confusos da comunicação intersubjetiva e os conflitos que minam completamente as condições para tal.

No coração da teoria jurídica moderna, está o conceito de normatividade. A norma jurídica é uma forma discursiva institucionalizada que só faz sentido enquanto pressupõe um sujeito racional que a interpreta, define suas relações causais determinativas e a aplica a um caso singular. Na miríade de possibilidades contingentes que o acaso nos reserva enquanto virtualidades informais, o direito guarda uma forma predita que pretende restabelecer formas reguladas às relações humanas.

A norma impõe forma. É o direito também que resguarda ao Estado o monopólio da força e a responsabilidade pela proteção que não nos é concedida, ou não de modo equânime, sendo que no mundo pós-abolição do trabalho escravo foi transferida ao Estado a concessão de matar corpos negros sem qualquer consequência jurídica, como o privilégio dos

toflivinganddepressioninadultsgreatbritain/29septemberto23october2022

[5] Informação reportada pelo jornal britânico *The Guardian* no link: https://www.theguardian.com/society/2024/feb/25/people-in-20s-more-likely-out-of-work-because-of-ill-health-than-those-in-early-40s.

senhores coloniais da Casa Grande, como argumenta Denise Ferreira da Silva em *A dívida impagável.*

É ainda o direito que nos dessubjetiva e nos esvazia de agência transformativa ao nos impor um abismo assimétrico entre nossa aparente condição de fraqueza e despossessão dos meios de ação política e coletiva e a brutal força militar dos Estados e as classes abastadas que protegem. Por fim, o livro desafia essa lógica, mas não pelos meios de mais uma crítica expositiva da miséria em que nos encontramos.

Autores como Espinosa, Deleuze, Latour, Tarde, dentre outros que Murilo mobiliza aqui, mostram quanta coisa se passa e acontece na distância entre os polos de representação do poder ou da fraqueza. As relações, a vida, se esparramam em muitas direções. Inclusive para nós que viemos de lugares pobres, quando só olhamos para o poder, só conseguimos ver em nós o negativo refletido da inferioridade, o que nos fere. E quando se chega mais perto, vemos que o rei está nu.

A riqueza toda está na capacidade de não se determinar pelo poder. A liberdade só é real enquanto experiência e prática. A criatividade, não menos. Fica o problema de que ao deixar a composição dos encontros e o desdobrar da experiência se expandirem, em algum momento o poder se intromete e faz o que sabe fazer melhor: entristecer. Mas é por estarem podres por dentro que os impérios também se esfacelam em algum momento.

Acredito que uma das principais qualidades deste livro é a de nos fazer olhar para o lado, abrir mais uma janela e nos fazer sentir impelidos a tentar compor com o que acontece. Afinal, como num verso de Leonardo Fróes, "não existe mundo mais perfeito para a gente chorar."

Termino então com esta palavra sobre o direito e sobre o que o Murilo tem a dizer sobre o direito: também. Ou para dizer com seus intercessores: e… e… e…

Londres, maio de 2024

LEITMOTIV

[Ódio ao direito]

Nada é mais fácil do que odiar o direito. Aparelho ideológico de Estado. Instrumento de dominação de classe. Prolongamento eficaz de estruturas de poder violentas. Poeira de *pirlimpimpim* normativa que dissimula o estado de exceção. Emanação da decisão soberana, onde ouvimos bater o coração do Estado de polícia – esta máquina mortífera de reprodução, reiteração, *feedback*. O direito é o dispositivo da força dos fortes e da opressão moribunda dos fracos. Expressão da vitória dos que venceram. Memória sempre-viva dos que perderam – ontem, hoje e para sempre. Não por acaso, é o Foucault de *Em defesa da sociedade* quem diz que a lei não pacifica nada. Pelo contrário, em cada uma das suas menores engrenagens, conduz uma guerra insondável.

Só sabe girar em falso o direito, podre máquina burocrática e inútil. Por isso, dizemos: não há nada o que fazer com ele, senão odiá-lo. Fonte de todos os dogmatismos novos e antigos. Oco do pensamento que leva ao cheio da propriedade privada. Sentimos a urgência de criticá-lo, difamá-lo, cuspi-lo; rasgar um *Vade Mecum* com os dentes! Acontece que é urgente e iridescente o nosso profundo desejo de destruí-lo, vará-lo, fazê-lo queimar em praça pública – e depois dançar em volta do seu *corpus* carbonizado. Vamos, então! Escrever cem ensaios críticos, mil *papers* de fervorosa denúncia, amontoar nosso ódio ao direito em livros mais e mais impotentes e inermes.

Tudo não passa de *acting outs* de autoexcitação. Com eles, imaginamos redescobrir a potência de outra coisa que não "o horror do direito". Seu vazio, sua falta de fundamento, embalam a vácuo toda e qualquer crítica, sequestrando-a nas mais estreitas margens. Nossas mãos vacilantes, e nossos cérebros febris e despertos demais, sonham destituir o direito, as instituições, o Estado e o mercado. Mal nos damos conta de que, com isso, não paramos de jogar a toalha. Nossa obsessão crítica já não exprime nada além da tentativa de reconciliar consigo um sujeito rachado e só, cuja política não é mais que a projeção de um ideal do eu. O distanciamento crítico nada pode, senão abandonar o tecido vivo dos esquematismos das lutas que o direito contém.

Para nos proteger dessa verdade dilacerante, formamos minorias de cercadinho. Um jardim de infância zoológico-político onde só encontramos *gentes* da nossa própria espécie. Essas *gentes* falam como nós, praguejam como nós, leram as mesmas coisas que nós (e, se não leram, ai delas!), rescendem pretensão subpoética como nós, e como os nossos, vemos cintilarem os seus olhos de artistas penados que se vestem como nós, gesticulam como nós e, sobretudo, performam como nós. *Fiat ars, et pereat jus.*[6] E assim que o fazem, logo correm a postar tudo no Instagram: *pero si hay neoliberalismo, soy contra!* Gritou o último manual de direito decolonial no seu *cri de cœur* publicitário.

Sendo críticos, abandonamos a fricção das lutas pela boa consciência moral do congraçamento entre iguais. E enquanto estamos no confortável calor do *aqui-dentro,* na calefação

[6] Nota da editora: em latim, "Faça-se a arte, mesmo que o direito pereça."

ambiente das nossas ideias acolhedoras de outras ideias em tudo iguais às nossas, o direito segue lá fora, operando. Máquina louca cuja posse nossa infinita superioridade crítica e nossa libertária recusa só fazem sonhar em desativar a golpes líricos de poemas políticos e performances, como atos de linguagem incorporados – e sem vísceras.

Ações diretas, inserções, instalações, instaurações e interferências, é o direito quem faz. O problema é que a crítica e o ódio ao direito não nos deixam reconhecê-lo, quanto mais compor com ele na dimensão da ação. A crítica e o ódio ao direito não passam de tomadas de posição, e "[...] hoje", diz Deleuze (2008, p. 192), "não basta tomar posição, mesmo concretamente. Seria preciso um mínimo de controle sobre os meios de expressão." É a tomada desse controle que a superioridade crítica da nossa bem pensante *intelligentsia* não cessou de recusar. É preciso inventar a jurisprudência dos corpos implicados, de modo que essa invenção corresponda à tomada coletiva dos meios de expressão do direito.

[Pontas soltas]

Passei os últimos quinze anos escrevendo sobre duas curtas teses de Gilles Deleuze sobre o direito. Ambas estão em entrevistas que ele concedeu entre o fim dos anos 1980 e o início dos anos 1990, e foram republicadas em *Conversações*.

Tudo o que Deleuze diz sobre o direito está longe de serem teses propriamente ditas. Isso, no entanto, não lhes subtrai o valor. Pelo contrário, como fragmentos *beat* de um William Burroughs, elas valem por projetarem *espaços em branco* que os usuários poderiam penetrar e experimentar. Soam como convites radicais à invenção e transformação do direito – conjuntos de possíveis que seus enunciados tratam de tornar manifestos. Todo espaço em branco é o correlato de um pensamento sem imagem do direito, uma chance para uma experimentação selvagem do social.

O primeiro enunciado diz que "A jurisprudência é a filosofia do direito, e procede por singularidade, por prolongamento de singularidades" (Deleuze, 2008, p. 191). O segundo, que a jurisprudência é "verdadeiramente criadora de direito: ela não deveria ser confiada aos juízes. [...] Não é de um comitê de sábios, comitê moral e pseudocompetente que precisamos, mas de grupos de usuários. É aí que se passa do direito à política" (Deleuze, 2008, p. 209-210).

Ao voltar a essas teses sem descanso ao longo dos últimos anos, elas se tornaram para mim um enigma e um ritornelo. Um enigma porque nenhuma delas se abre facilmente ao leitor. Não são teses evidentes, nem explicadas. Além de não encontrarem qualquer elaboração no percurso da obra deleuziana, elas remetem a conceitos inicialmente vagos (como "singularidades", "prolongamentos") ou a ideias jamais elaboradas teoricamente por Deleuze, como "grupos de usuários" ou uma jurisprudência sem juízes. É isso o que as faz soarem como um ritornelo ao qual podemos voltar sem cessar. Não são duas teses prontas e acabadas, claras e definidas, mas duas pontas soltas. Duas linhas de desterritorialização – fator que, no ritornelo, é primeiro em relação ao território.

Haveria, então, ao menos duas formas de tentar ler essas teses. Técnica do romance policial ou do historiador da filosofia. Deitar o *corpus* da obra deleuziana na mesa de dissecação e pôr-se a preencher os vazios. Nada pode ficar oco, e nada pode sobrar. No ideal da justa medida da filosofia escolar, seria preciso produzir uma filosofia do direito *propriamente deleuziana* a partir de três ou quatro frases que seu autor teria deixado ao relento. Devolvidos ao sistema, esses estilhaços deveriam fornecer uma imagem também deleuziana do direito. Porém, se esse fosse o caso, muito pouco, ou quase nada, se faria das pontas de desterritorialização que os fragmentos contêm.

Uma segunda forma seria tomar essas teses pelo que elas são. Não uma elaboração completa, mas um diagrama de espaços em branco. Fenômeno de vidência: algo que Deleuze vê, e que deveríamos conseguir ver também. Um poderoso feixe de linhas de fuga? Um punhado de pontas soltas às quais podemos dar mais e mais linha, e ver a que novas pontas soltas elas nos levam. O fato de seus enunciados fragmentares não serem teses elaboradas, mas momentos em que Deleuze parece tentar corrigir nosso intelecto com relação ao direito – uma prática que ele sempre amou, a ponto de quase ter estudado direito ao invés de filosofia – não nos deixa alternativa.

Deleuze não se cansou de dizer que podemos ler as coisas com as lentes do julgar ou as do fazer existir. Quando um pensador da sua grandeza deixa seus leitores à vontade com pontas soltas, é porque estas não requerem interpretação autêntica ou operações sistemáticas do juízo. Ao contrário, inspiram o modo do *fazer existir*. Prolongar as singularidades em cintilações jamais vistas. Fazer delas provisões de possíveis para fabular outros mundos em gérmen.

[Fazer existir]

Cada novo livro que se escreve sobre a filosofia do direito de Deleuze envolve a ambos em uma aura mais e mais mística. Nas mãos de intérpretes tão esotéricos quanto eruditos, Deleuze e o direito se prestaram a exercícios de imaginação especulativa sempre e a cada vez mais herméticos. Como se a tarefa da filosofia, seja ao escrever a sua História, seja ao fazer o seu comentário, fosse gerar zonas de interioridade: horizontes de sentido cerrados e autorreferenciais, cada vez mais verticais, ocultos e impróprios ao uso.

O que aconteceu com o Paul Valéry de "O mais profundo é a pele"? A imanência e o aberto foram engolidos pela pulsão defensiva e autoimune da crítica: defender-se para poder, então – assim e a tal preço –, correr o menor risco possível de inventar alguma coisa. É desse modo que os teóricos vão se tornando todos farrapos paranoides e autoritários. Aguarda, como seu destino cognitivo, a recursão infinita, o lidar com provisões cada vez mais pobres e consonantes, o embotamento da ação e do pensamento. Em uma palavra, *décadence.*

Ainda que sejam muito poucas as palavras com que Deleuze se refere ao direito ao longo de toda uma vida, e sejam também raras as ocasiões em que ele o fizera, muitos dos intérpretes de sua relação com o direito a fazem soar como um mistério que só se tornaria finalmente cognoscível cumprido um longo sacerdócio hermenêutico. Afinal, Deleuze é um assunto para iniciados. Tem um vocabulário próprio. *Calma aí: não é qualquer um que...* E cada novo livro sobre Deleuze e o direito se enevoa num *thriller* filosófico, ao cabo do qual teríamos dado fim à incansável procura pelo *incorporal* de sentido que os livros precedentes teriam deixado escapar.

Pretendendo dizer algo sobre Deleuze e o direito, ambos são envolvidos em polêmicas pouco produtivas – e, menos ainda, concretas ou esclarecedoras. Não raro, se perdem em subprodutos teóricos condicionados desde o início por uma imagem do pensamento que é jurídica, disciplinar, monista, estatalista, quando não liberal (ou neoliberal). Isso é tão comum entre seus intérpretes mais delirantes e apaixonados quanto entre seus detratores e críticos.

Estes, se não se comprazem em acusá-lo de antinormativista e decretar, por isso mesmo, a total impossibilidade de pensar o direito com as armas de Deleuze, acusam-no de nutrir sobre o direito, tal como ele existe e opera nos atuais Estados capitalistas do Ocidente global, uma "acrítica inocência", um "desconhecimento da violência". Traços que não se podem encontrar em parte alguma de sua obra, que é tudo, menos ingênua.

Outros intérpretes dedicam-se ao *wishful thinking*. Tentar fazer o conceito de direito de Deleuze soar politicamente, como uma jurisprudência liberal, comunista ou anarquista. Eis como se utilizam do pensamento para dar a uma prática política um valor de verdade – o que Foucault, aliás, condenava (Veyne, 2011).

Existe, também, um Deleuze capturado pelo *critical* e pelo *legal*; pelas performances e pelas estetizações autocentradas e incapazes de engravidarem-se do *fora*; pela dimensão negadora e negativa da crítica denuncista que caracterizou, dos anos 1980 para cá, uma das vertentes dos movimentos sociais globais referenciados por identitarismos vários, e pelas armadilhas desmobilizadoras dos seus fantasmas de grupo. Quarenta anos depois, alguns deles não conseguiram mais do que se aprofundarem em seus impasses de singularização.

A jurisprudência dos corpos procura evitar tudo isso. Este livro não é uma bíblia, e Deleuze não é uma religião. O que tentamos fazer é percorrer um caminho ainda não explorado, ou entrevisto, até aqui. Aquele em que *as teses de Deleuze sobre a filosofia do direito*, as poucas palavras que Deleuze lhe dedica, nas raras ocasiões em que o fizera, *nascem e participam das lutas.*

Se houver uma filosofia do direito de Deleuze – e não é necessariamente ruim que não haja nenhuma –, é na medida em que esta se constitui nas lutas e a partir das lutas, como uma *jurisprudência dos corpos*. Mais do que isso, não importa saber se essa filosofia é estritamente deleuziana ou não. Tampouco importa se o direito, tal como Deleuze o imagina, seria essencialmente liberal, progressista, comunista ou anarquista.

O que incomoda em Deleuze é que os *espaços em branco* que suas teses fragmentares põem em órbita suscitam o herege desejo de subverter – um desejo de cuja potência o ódio crítico nos separou: contaminar-se, sujar-se, meter as mãos e tentar *tomar o direito*. Um *amor fati* muito mais concreto, político e violento do que jamais sonharam as estéreis "recusas gerativas" do direito.

É que não há nada a recusar. Nada a denunciar. Tudo a retomar. É preciso *repetir Deleuze*, tomar Deleuze. Fazer nossa a sua diferença. Somar a sua força aos vetores esmagados das nossas. Tomar o feixe de linhas de fuga é dar linha ao conjunto de pontas soltas que, através da sua aparente repetição, podem nos lançar algumas armas verdadeiramente políticas para as invenções de saber e de poder que nosso desejo incomensurável requer.

Não recusar as armas, sejam as de Deleuze ou as do direito – porque, deixadas ao relento, elas serão usadas contra nós. Não pisar as armadilhas da crítica negativa, que só consegue *julgar* o direito pelo que ele é, sem jamais conseguir tomá-lo como máquina de expressão – operação do *fazer existir*. O desafio político em pensar uma jurisprudência dos corpos não recusa o direito. Ao contrário, desenvolve as capacidades de invenção que nos fazem tomar o direito como zona de arrebentação de uma memória das lutas, e das lutas que estão por vir. Como as marés são balançadas pelas forças em movimento de astros muito distantes, que só às vezes, e sob condições muito especiais, o espelho móvel do mar consegue refletir integralmente.

[Preposições e conjunções]

Muito do que se escreveu sobre Deleuze e o direito deveu-se a uma *filosofia das preposições*. Operações de pensamento que buscavam vincular uma imagem do direito a uma imagem de Deleuze. Neste caso, ambas as imagens estavam prontas e acabadas, e tudo passava a ser uma questão de promover os laços invariáveis, estreitar os vínculos permanentes, e assim relacionar dois termos que continuavam, em tudo, exteriores um ao outro.

Isso originou uma série de proposições *preposicionais* sobre o tema. Elas derivavam de movimentos esotéricos que buscavam definir o que seria do direito quando pensado *com* Deleuze; ou, como poderíamos compreender o direito *de* Deleuze, ou *segundo* Deleuze. Gestos que transformam sua filosofia numa estranha lei para a interpretação de fenômenos jurídicos pré-formados. Mas havia mais.

A principal limitação desses modos preposicionais de pensamento – muito bem distribuídos pela literatura secundária[7] – está na incapacidade para pensar o caráter reciprocamente transformativo e constitutivo da *relação* entre Deleuze e o

[7] Ver, por exemplo, Patton (2000), Lefebvre (2008), Colebrook et al. (2009), Mussawir (2011), MacLean (2012), Braidotti (2012). As felizes exceções a esses movimentos são, a nosso ver, Moore (2007), Sutter (2009), Murray (2013) e Marneros (2022).

direito. Ao pensar um direito *com* Deleuze, ou *de* Deleuze, pisamos sem cessar em armadilhas, seja a do erudito familiar, seja a da imagem do pensamento. Parece que sempre estamos lidando com uma circuitaria conceitual que já conhecemos bem demais, e com um objeto (o direito na forma como ele existe e é praticado) já inteiramente predisposto. Em vez de dar mais e mais linha às pontas soltas que suas teses emanaram, pensar se torna uma operação inteiramente subordinada, a qual as esmaga: *connect the dots and figure it out*.

Já encontramos tudo pronto e acabado quando pensamos por meio de preposições, quando pensamos *com* e *de*. Só nos falta determinar as pontes preposicionais, relativamente invariáveis. Já sabemos o que pensar, tanto de Deleuze quanto do direito, embora nos faltem os feixes fixos de relações que unem um termo ao outro.

Assim, pouco importa se pensamos o direito *com* Deleuze ou *de* Deleuze. São percursos diferentes, mas que partem de premissas similares, e chegam a resultados relativamente isomórficos. Isso é possível porque o que fica de fora é precisamente a *relação*, e sua densidade singular. Assim, nem Deleuze pode reinventar o direito, nem o direito pode transformar Deleuze. Para tranquilidade geral, tudo fica exatamente onde está. As preposições fixam os termos e impedem sua contaminação recíproca.

O verdadeiro desafio de pensar a relação entre "Deleuze e o direito" está em tornar pensável o *e*, material intenso e conectivo do qual a própria filosofia de Deleuze-Guattari é feita. O *e* está por todos os lados. É uma partícula transformativa por conexão, e inversamente, também é conectiva por transformação. Nas máquinas desejantes, "A síntese produtiva, a produção de produção, tem uma forma conectiva:

'e', 'e depois'..." (Deleuze e Guattari, 2010, p. 16). Também "o rizoma tem como tecido a conjunção 'e... e... e...' Há nesta conjunção força suficiente para desenraizar o verbo ser" (Deleuze e Guattari, 1995, p. 37). O que desenraiza o verbo *ser* é o próprio caráter constitutivo da relação.

Como diria um intercessor de Deleuze e Guattari, "A relação é uma modalidade de ser. [...] assegura a existência dos termos aos quais é simultânea" (Simondon, 2020a, p. 28). Isto é, os termos não existem nem como tais, nem em si, fora das relações que os entretêm. *Entreter* possui, aqui, uma conotação germinativa. Já não há o ser, que seria em si e para si; mas, antes, uma possessão relacional, um *entre*, ou um *inter*, *tenimento* de parte a parte, reticulando os seres que se entretêm uns nos outros.

"No fundo", escreve outro intercessor de Deleuze e Guattari, "todo conteúdo da noção de ser é a noção de ter (*avoir*). Mas a recíproca não é verdadeira [...]" (Tarde, 2007, p. 113). Isto é, o conteúdo do ter, de tudo o que é *tido* ou *havido*, não se resume ao ser. Antes do ser há a possessão recíproca, a relação. A relação *faz* existir, e tudo o que há, existe em relação. É precisamente essa relação de possessão recíproca, de tudo por cada coisa, que Tarde chamará *sociedade*.

A única "coisa" que é, é o *e*..., e ele não é um simples nexo entre termos. Não é uma mera linha que conecta pontos prévios. Ao revés, é da viagem das linhas que os pontos emanam, se desprendem, caem pelo caminho. Em linguagem filosófica, os pontos são *imanentes* às linhas, ao seu movimento e desenvolvimento em forças vetoriais. Assim, são os termos que derivam, são operados, variam e se constituem em feixes de relações, nos termos das conjunções e dos agenciamentos dos quais participam. Os feixes de relações, *entretendo* os termos do ser, é que dão a ser os termos entretidos. As relações implicam a política que precede o ser. Todo ser é uma ecologia variável de relações constitutivas e abertas às conexões seguintes [É ≤ *e*..., *e*..., *e*... ∞].

Deleuze *e* o direito exigem que aprendamos a nos mover *entre* um termo e outro, alterando-os como materiais em movimento: "instaurar uma lógica do E, reverter a ontologia, destituir o fundamento, anular fim e começo. [...] uma pragmática" (Deleuze e Guattari, 1995, p. 37). Esse é o sentido exato em que se pode pensar politicamente *Deleuze e o direito*. Se ele tem um quê de anarquia coroada, não é porque contemplou longamente a destituição, o vazio e o negativo, mas por saber *política* a compositividade de toda e qualquer relação que configura o ser.

Assim, à parte de um pensamento por preposições, a jurisprudência dos corpos é uma *filosofia das conjunções*. Os encontros já não se produzem entre substâncias, representações ou imagens pré-formadas. As ecologias de relações que os encontros desencadeiam é que correspondem ao ser. Por isso, uma filosofia das conjunções só torna pensável *Deleuze e o direito* na medida em que esse encontro coevolui, e nos faz descobrir um Deleuze infamiliar, e um direito que faz existir. Relação que instaura os termos, impossíveis de prefigurar.

Talvez, Deleuze (2008, p. 14) quisesse chamar esse procedimento de *imaculada concepção*: "Eu me imaginava chegando pelas costas de um autor e lhe fazendo um filho, que seria seu, e no entanto, seria monstruoso". Isso é tanto o que o direito pensa de Deleuze quanto o que Deleuze pensa do direito. Por isso, sua conexão é transformadora, e sua mutação é recíproca e conjuntiva. Pensar Deleuze *e* o direito não é pensar nem *com*, nem *de*. Antes, é afirmar a constitutividade de relações em seu processo de aberta multiplicação. Jurisprudência do *corpus* deleuziano, por um lado, e dos corpos, por outro.

[A jurisprudência dos corpos]

Parada LGBTQIAPN+. Marcha das vadias. *Meu corpo, minhas regras*. Marcha da maconha. Esculachos nas portas de torturadores. Desmilitarização das polícias. Ocupas. Primaveras globais. *Parem Belo Monte*. Junho de 2013. *#NãoVaiTerCopa*. *Cadê o Amarildo? Liberdade para Rafael Braga*. Greve dos professores. Ocupações secundaristas. *#MeeToo*. *#BlackLivesMatter*. *Fora Dilma*. *Fora Temer*. *#EleNão*. Greve dos caminhoneiros de 2018. *#Stayathome*. *#BrequedosApps*. *#MarcoTemporalNão*. Esses são alguns exemplos concretos de ensaios heterogêneos para tomar o direito como meio de expressão. Experimentos de jurisprudências dos corpos, e de corpos mobilizados em jurisprudências.

Não importa a qualidade política das lutas ou seus atores presuntivos. Nem que transformações elas conseguem extorquir à institucionalidade. O direito não é uma gramática, um léxico "dos direitos" cuja língua babélica seria o político. É miserável demais imaginar que o direito seja o resultado da deposição de forças políticas, fruto de uma mecânica determinística. Se o direito é, em certo sentido, um sistema, é porque ele é o plano de referência de agitações entrópicas, de movimentos selvagens, de ciclos incessantes de lutas. As lutas fazem a jurisprudência dos corpos, e o direito incorpora e prolonga os esquematismos das lutas.

O direito é uma composição esquemática dos desejos, acumulada das operações da jurisprudência dos corpos e continuamente agitada por ela. É *isso* desfilar um corpo *queer*. "Botar" o peito na rua e gritar *não é não*. *Bolar um fininho* a céu aberto ou *pitar* na cara da polícia assassina. Nada disso, nem a imagem, nem o grito, nem o gesto, são simples linguagem ou performance. São corpos se fazendo corpos *em relação*, e são corpos fazendo jurisprudência com o desejo, articulando uma ecologia de investimentos libidinais coletivos. Os corpos suscitam precedentes sociais, inspiram comportamentos de divergência, emitem uma ampla ondulatória visceral para *crackear* o código social, alterando sua criptografia inconsciente.

A jurisprudência dos corpos não se confunde com o endereçamento de demandas que possam tornar-se direitos reconhecidos. Nem se resume a uma lógica das pautas, porque os corpos podem pautar o impossível. Os corpos não querem participar, e nem ser reconhecidos. Sabem que o reconhecimento só os coloca em um novo patamar do esquematismo das lutas. Aquele em que passamos da luta *pelo* direito à luta *no* direito.

Mesmo porque, quando uma demanda vira direito, então é preciso uma outra luta, que é a de fazer valer o tal direito. Não há *ser* que não seja um efeito da posse, e por isso passa a *ter* direitos. Um direito universal à vida não passa de uma abstração. Tornar o direito *à* vida um direito *da* vida é outra coisa. Outra dimensão da luta, porque neste planeta ainda se morre de fome, e porque nenhuma democracia fez as instituições pararem de matar, torturar e desaparecer com corpos por completo.

Não existe luta que se desenvolva inteiramente à margem do direito. Toda luta é uma operação jurisprudencial dos corpos que acontece na fronteira entre direito e não direito. Para lutar, estamos sempre cometendo pequenos ilegalismos legais (tomar um território, bloquear uma estrada ou via, ocupar um colégio ou prédio, interromper um fluxo normal) ou legalismos ilegais (fazer uma greve, paralisar um serviço, exprimir o intolerável, reivindicar responsabilidades).

É nesse sentido que o direito é um esquematismo das lutas. Não porque codifique e limite seus possíveis, mas porque é impossível lutar senão através de um contato com o direito. Toda jurisprudência dos corpos é o desenvolvimento de lutas *no* direito e *pelo* direito, quando não *pelo* direito *no* próprio direito. É isso o que faz do direito um meio de expressão sujeito a monopólios, sequestros, apropriações – sua vertente de Estado –, mas também sujeito a dispersões horizontais, práticas de liberação e tomadas coletivas – sua vertente das lutas.

A imediação entre o direito e as lutas se explica porque o direito não é só um esquematismo, mas também um expressionismo das lutas. Muito mais do que uma linguagem técnica que traduz demandas e composições negociadas, a jurisprudência dos corpos exprime novos estados de relações entre os corpos e o direito. É toda prática social na qual essas novas relações estão em vias de nascer. Novos estados de vínculos, e ecologias potencialmente transformadas, aos quais nem os corpos e nem o direito preexistem. Ambos se inventam e modulam nas lutas, como uma operação divergente que Guattari (1992) certa vez chamou de *heterogênese*.

É assim que não tomamos o direito como uma coisa ou como um instrumento das disciplinas, mas um meio distribuído de expressão da era das técnicas de controle. Nas sociedades de controle, manifestadas pela lógica espiritual de empresa, pelas máquinas de informação e pela dividualidade das redes e do *Big Data*, as lutas se tornam lutas pela modulação – outra forma de dizer que nosso combate passa a ser pela tomada dos meios de expressão, e pelos ritmos do seu fazer existir.

Já não há aparelhos ou dispositivos disciplinares pelos quais combater, mas, por toda parte, existe uma incessante transformação de materiais em movimento. Uma constante modulação de estratégias de composição de novas relações que afetam os termos.

É, pois, em um sentido forte e espinosano que se define a jurisprudência dos corpos. Na *Ética*, Espinosa (2007) os definia pelo poder de afetar e de serem afetados. Uma definição de corpo que é, em tudo, também uma definição das lutas. Ao se fazerem nas operações da jurisprudência, os corpos consistem nas mobilizações antagonistas, e nos prolongamentos abertos dessa definição imediatamente compositiva e relacional de si mesmos, para cuja existência nada está de antemão garantido.

É aí que reencontramos o direito, desta vez como mais que um esquematismo, um *expressionismo* das lutas. Agenciamentos coletivos que articulam conteúdos de expressão e gérmen de produção de subjetividade em novas composições ecológicas entre singularidades. É isso o que nos coloca cara a cara com o real do direito: a relação necessária entre o campo social e um direito sem imagem.

AS FORMAÇÕES SOCIAIS

[Um direito sem imagem]

No Brasil, a aproximação entre os juristas e uma possível filosofia do direito de Deleuze só não é mais antiga por força de uma suspeita neomoderna em relação a autores considerados "pós-modernos" ou "desconstrucionistas". Essa suspeita crítica, não raro laxista, reduzia obras de contemporâneos como Jean-François Lyotard, Michel Foucault ou Jacques Derrida a filosofias *à l'air du temps* e, estranhamente, inscrevia Deleuze nesse rol. Alguém que, sem jamais ter se declarado pós-moderno, permaneceu alheio a esse debate, tendo sido, antes, o autor de uma filosofia que nos permite "escovar a contrapelo a pós-modernidade" (Pélbart, 2003).

Essa atmosfera filosófica, característica do período que vai de 1980 a 2000, esteriliza o campo hegemônico da Teoria e da Filosofia do direito no Brasil para as germinações da vertente pós-estruturalista. Paradoxalmente, é nessa mesma atmosfera que se registram as contribuições "contradogmáticas" de renovadores da crítica jurídica, como Luis Alberto Warat (1988), seus interlocutores e discípulos. Eles enfrentavam os problemas da teoria do direito munidos de um arsenal eclético de fontes, que iam desde as aventuras estruturalistas do pensamento marxista até as contribuições da semiologia, da psicanálise, do surrealismo e do pós-estruturalismo francês. Tudo era articulado a referenciais da literatura, do cinema, da música, da cultura *pop*, etc.. E é claro que tampouco eles deixaram de se servir de Deleuze e Guattari à sua maneira.

Já na França dos anos 1990, filósofos do direito como Alain Renaut e Lukas Sosöe (1991) diziam ser impossível cogitar uma filosofia do direito a partir de Deleuze. O anti-normativismo, o anti-humanismo e o antissubjetivismo de sua obra impediriam de pensar em uma teoria dos direitos, ou no nexo entre Estado e direito segundo as condicionantes históricas do *Rule of Law*. Porém, essa censura se devia menos aos traços reputados negativos da obra deleuziana, e mais à dificuldade em conceber, nos limites conceituais da tradição moderna, que uma filosofia do direito tão radical quanto a de Deleuze fosse digna deste nome. Especialmente, por demolir as ideias de norma, sujeito de direito e a hipócrita atmosfera humanista que as secunda, erigindo-se sem recorrer a qualquer dessas categorias.

Uma ou duas décadas antes, do outro lado do Atlântico, a emergência dos Critical Legal Studies (CLS) em torno de um grupo de juristas ligados à Universidade Harvard viabilizou a recepção da filosofia de Deleuze no campo jusfilosófico. Ainda assim, os textos precursores sobre a sua filosofia do direito em língua inglesa precisaram aguardar os anos 2000 (Moore, 2000), e o primeiro livro que reivindicava o tema mais ou menos explicitamente foi publicado apenas em 2008 (Lefebvre, 2008).

A natureza da filosofia deleuziana convinha à heterogeneidade dos Critical Legal Studies. Ao criticar as ideias centrais do pensamento jurídico moderno, o CLS as substituiu por uma nova concepção de direito (Unger, 1983), inaugurando um campo de tensões teórico-políticas receptivo a filosofias radicais, alinhadas ao pós-estruturalismo. O novo campo que assim surgia derivou da crítica dirigida contra as teorias do direito liberais e formais a partir de um método que hibridizava realismo e historicismo pós-estrutural, com uma vocação política comunitarista (Ward, 1998).

O CLS recusa poderosamente as matrizes de pensamento kantiano, benthamiano e as variantes neoliberais da análise econômica. À contracorrente, privilegia a construção local de críticas reveladoras das mistificações do legalismo liberal, e as aponta contra a neutralidade política e a objetividade do direito, dos juízes, dos discursos jurídico-legais, das estruturas institucionais, do ensino jurídico, etc. Assim, permite ver o direito como um constructo puramente social, contingente e politicamente orientado pelas dimensões de sua textualidade. Tudo isso nos conduzia à crítica da teoria dos direitos como mistificações liberais que mascaravam desigualdades econômicas, políticas e sociais estruturantes, sufocando a emergência de novas formas de socialidade e de vida em comum a pretexto de regulá-las.

Essa matriz teórica se desenvolveu de forma predominante em três direções tematicamente distintas, e deu origem a visões não raro contraditórias: um liberalismo reconstrutivo, uma teoria crítica feminista e de racialidade e uma série de teorias da linguagem, profundamente influenciadas pela teoria literária. Ainda que essas direções se percorram mutuamente e concretizem montagens heteróclitas, permanecem articuladas a um fundo problemático comum, que produz uma crítica radical e impiedosa à desconexão entre direito e política.

Apesar de contribuir para o desbloqueio do uso de Deleuze nesse campo, o Critical Legal Studies e suas variações mais recentes lançaram o terreno dialógico ambíguo para a problematização das elaborações sobre Deleuze e o direito. Em largos traços, ele é o solo nada homogêneo em que a obra de Deleuze começa a prosperar nos campos da filosofia e da teoria do direito norte-americanas e, progressivamente, a ganhar o terreno das produções anglófonas (Cusset, 2008). Esse contexto ajuda a explicar como Deleuze pode ter conhecido, inicialmente, uma circulação mais facilitada, e tido um impacto mais sensível na elaboração jusfilosófica de países anglófonos do que na de países francófonos ou mesmo no Brasil.

Entre nós, levou alguns anos para que o platô "Deleuze e o direito" saltasse do rizoma waratiano e começasse a germinar. No nosso século, foi Guilherme Roman Borges quem fez as primeiras experimentações com Deleuze e o direito de que tive notícia. Um dos ensaios de uma das suas dissertações de mestrado, *O direito erotizado* (2005), propunha Deleuze como um dos focos de elaboração de um discurso de transgressão e de experimentação do Fora e do Novo no direito. Entre os anos 2008 e 2009, enquanto trabalhava em minha dissertação – *direito e ruptura*, na qual propunha uma filosofia do direito na imanência a partir de Deleuze –, vinham a público os livros seminais de Lefebvre (2008) e Sutter (2009), aos quais só teríamos acesso poucos anos mais tarde.

Essa breve cronologia reflete a concomitância de iniciativas relativamente independentes que aproximaram Deleuze e o direito no Brasil, na Austrália e na Bélgica, no final da década de 2000 em diante. Se acima do Equador os precursores da relação entre Deleuze e o direito podem ter sido os autores e autoras do Critical Legal Studies e, mais recentemente, Nathan Moore (2000), no Brasil, o precursor "nem um pouco sombrio" foi o argentino Luis Alberto Warat, que combinava Deleuze rizomaticamente a uma série muito heterogênea de outras influências intelectuais e culturais. Seja como for, esses rastros testemunham algo do que Deleuze (2008) dizia ser o único regime de comunicação que poderíamos desejar no mundo moderno: as garrafas atiradas ao mar ou as flechas lançadas por um pensador e recolhidas por outro.

***

Quando Foucault escreveu "um dia, quem sabe, o século será deleuziano", talvez não pudesse imaginar que o nosso tempo viesse a sê-lo tão rápido, e tão cedo. As primeiras décadas do século XXI conheceram um crescente interesse dos juristas sobre a obra de Gilles Deleuze, que germinou numa profusão de textos que se expandiram de forma quase simultânea em direções relativamente díspares.

Retomando uma divergência nos Critical Legal Studies, inaugurada e prolongada por Nathan Moore (2000, 2007 e 2012), algumas das direções em que a relação entre Deleuze e o direito se desenvolveu se fixaram em problemas situados, em blocos de conceitos precisos, ou se dedicaram à importação da caixa de ferramentas e do vocabulário deleuziano, contrabandeando-a para o país da teoria do direito (Braidotti, Colebrook e Hanafin, 2009).

Outras buscaram repensar conceitos ligados ao campo jusfilosófico mais tradicional, como o de normatividade, por exemplo (Braidotti e Pisters, 2012). No bojo dessas iniciativas, leituras mais politizadas chegaram a postular uma "virada à normatividade" do último Deleuze (Patton, 2000 e 2007). Com isso, terminaram por neutralizar parcialmente o potencial de seu efeito no direito, confinando sua última filosofia aos limites formais das democracias liberais e de Estado (Mengue, 2013). Não importava que lhes contestasse o fato de que estes haviam sido os mesmos confins que Deleuze e Guattari não cessaram de implodir criticamente, sobretudo no caudal da sua obra conjunta dos primeiros anos da década de 1990.

Outras iniciativas – relativamente mais inventivas, mas ainda internas ao campo jusfilosófico –, retomavam os avatares da teoria contemporânea do direito (como Schmitt, Kelsen, Hart, Dworkin, Habermas, etc.) no ânimo de promover a crítica da imagem tradicional do direito, e de produzir dele a sua imagem renovada. Isso permitiu elaborar inventivas e úteis teorias dos direitos, do julgamento (Lefebvre, 2008), dos processos de decisão (MacLean, 2012) e da jurisdição (Mussawir, 2011).

Nenhuma delas, no entanto, pretendeu ultrapassar as dimensões institucionalizadas do direito. Assim, acabaram por promover uma interpretação filosófica instrumental – seja de Deleuze, seja de outros intercessores que mobilizaram. É bem verdade que em cada uma dessas inovações, a imagem do direito muda, mas o direito permanece o mesmo. A filosofia só intervém aí como um *efeito especial*, jogo de cena cinematográfico que nos permite retomar o mesmo direito de sempre com instrumentos, ou sob recortes, fenomenicamente mais compreensivos.

Muitas dessas interpretações conduziram ora a uma teoria do julgamento referenciada pela prática dos tribunais, ora a uma teoria dos direitos. Esta, se por um lado critica o caráter abstrato de sua versão moderna, por outro reduz o aspecto radicalmente criador da concepção deleuziana de direito à invenção de direitos assimiláveis aos quadros instituídos e formais das democracias liberais de Estado.

Reinventando uma teoria do julgamento e uma teoria dos direitos nesses termos, a concepção deleuziana de jurisprudência jamais é levada à radicalidade prática e conceitual que sua formulação supõe. Sintoma disso é que nenhum dos intérpretes da filosofia do direito de Deleuze desenvolveu a censura que Deleuze dirigia aos juízes, "comitê de sábios, comitê moral e pseudocompetente".

Sem saber o que fazer com o conceito desconcertante de "grupos de usuários", com o qual Deleuze supõe operar-se a passagem do direito à política, ninguém considerou a mais literal das hipóteses: confiar a jurisprudência a grupos de usuários. Não apenas tomar uma posição concreta porque temos algo a dizer, mas reconquistar um mínimo de controle sobre os meios de expressão.

Mesmo involuntariamente, essa lacuna interpretativa acaba separando a jurisprudência deleuziana daquilo que ela pode. Termina por fazer dela aquilo que a jurisprudência do Estado e dos tribunais já é: um monopólio de especialistas de Estado, uma operação de saber-poder que esmaga as pontas soltas do desejo. Mesmo que isso contradiga tudo o que Deleuze um dia falou sobre o direito. Desde Kafka, onde, de repente, se descobre que *funcionária de justiça é toda a gente* (mesmo porque a justiça é desejo) (Deleuze e Guattari, 2003), até *Conversações*, onde a jurisprudência, uma vez livre dos juízes, pode dizer-se criadora de direito (não de direitos), e procede por singularidade, prolongamento de singularidades (Deleuze, 2008).

Foi forçando esses conjuntos de linhas na direção da sua própria exterioridade que outros autores fizeram o esforço de identificar uma filosofia do direito independente dos axiomas de seu sistema filosófico mais geral (Sutter, 2009), pensando a filosofia do direito em termos autônomos – e não subsumidos ao político, ou determinados por ele. Enquanto isso, outros trabalhos fizeram da conexão entre a obra de *Deleuze e o direito* um *evento* em sentido forte, compreendendo o direito ora como um fenômeno de emergência (Murray,

2013), ora como a possibilidade da manifestação anárquica de um *ethos* exterior ao direito, capaz de produzir formas de vida para além dos direitos codificados (Marneros, 2022).

Entre todos, Paul Patton (2000 e 2007) foi o único autor que se aventurou em interpretar a referência de Deleuze aos grupos de usuários. Porém, se analisarmos de perto, tudo se passa como se Deleuze exigisse apenas que os envolvidos nas decisões fossem ouvidos. Como se a participação nas estruturas das democracias liberais bastasse, e sem que ela implicasse qualquer vínculo com a prática da jurisprudência. Ainda assim, Patton reconhece que o caráter transcendental do social se exprime nos períodos de transição, quando um corpo social confronta novos problemas e se atualiza em novas soluções.

Assim, o princípio organizador do social não consistiria na estabilidade, mas no devir-revolucionário, na capacidade de uma sociedade atualizar-se, diferindo de si mesma. Isso permite suscitar a centralidade de *uma filosofia do campo social* para conceber uma *jurisprudência dos corpos*. Ela se resume na ideia de que "uma sociedade se define por suas linhas de fuga" (Deleuze e Guattari, 1996, p. 94), pela positividade de suas linhas de criatividade (Deleuze, 2006b, p. 29-30). Essa é a ideia que sentimos vibrar sob a noção de grupos de usuários.

Pensar o direito como realização de um genuíno empirismo transcendental, como quis Sutter, nos convida a reinterpretar as pistas deixadas pelo *emergent law* de Murray e pela *jurisprudentia* ética e anárquica de Marneros. O que essas três trilhas díspares e inspiradoras deixam em aberto é a articulação entre uma filosofia do campo social e uma jurisprudência dos corpos. Em linguagem filosófica, seu *nexo empírico-transcendental*. Em linguagem não filosófica, a participação dos corpos nos esquematismos das lutas que o direito contém, prolonga ou torna passíveis de invenção. Aporte visceral da jurisprudência como prática concreta de atualização da liberdade – o que é um outro nome para o que a ontologia da diferença deleuziana em certo momento chamou de *virtual*.

O caráter *empírico-transcendental* do campo social de Deleuze permite especular em que novos sentidos a ideia deleuziana de jurisprudência, como prática do direito operada por grupos de usuários – e não mais tarefa confiada aos juízes –, pode ser reinterpretada. Isso permite explorar a jurisprudência como prática que opera a passagem entre o direito e a política, desde que ela esteja ligada a uma filosofia do campo social. Eis o ponto em que as invenções do direito ultrapassam os limites instituídos de uma teoria dos direitos e do julgamento; ponto em que o que Sutter (2009) chamou de "usos políticos possíveis do direito" recebe um novo potencial de agenciamento. É aí que o direito arrisca virar outra coisa.

[Soberania, disciplina, biopolítica]

Era o ano de 1988 quando Deleuze (2008, p. 191) disse que "o código civil tende a rachar por todos os lados, e o código penal conhece uma crise igual à das prisões". A crise dos códigos corresponde à crise de uma formação social e dos dispositivos que a diagramam. Ainda que não haja uma correspondência perfeita, termo a termo, e ambos os campos conservem relativa autonomia, não raro as transformações sociais desencadeiam transformações no direito – e as transformações do direito podem, também não raro, conhecer prolongamentos e modulações operadas por transformações sociais.

Os códigos não racham por todos os lados espontaneamente, mas porque o campo social sobre o qual foram instalados se agita – como um cão se debate tentando se livrar das pulgas. Por isso, não é possível pensar o direito sem a interferência de uma filosofia do campo social. Tudo o que pensamos sobre "o social" – de que matéria é feito, em que unidades se reparte, em que consistem suas unidades elementares e indivisíveis, que qualidade elas têm, são elas pessoas humanas, ou também inumanas? – condiciona e limita o que podemos pensar do direito.

Nos habituamos a pensar o direito como uma imagem reflexa da sociedade (Tarde, 1893), e a mesma como um conjunto bruto de fatos coletivos (Tonkonoff, 2017) apreensíveis numa imagem holística. Esta, se não for inteiramente estática, ou desejosamente retrógrada, é homeostática. Encontra-se em estado de equilíbrio relativo, o que é, aliás, a sua meta e a sua norma. Toda emergência, efervescência, mutação, sublevação e revolta se convertem, para nós, na representação do estado perturbado do campo social. Estado anormal e aberrante.

Por outro lado, tudo o que pensamos sobre o direito também condiciona e limita até onde podemos levar nossa embotada imaginação das relações de que é feito um campo social, e de que materiais e sujeitos ele é composto: pode a terra, um bicho, uma região de mata, um recife de corais com seu delicado ecossistema, uma galáxia distante ou uma Inteligência Artificial adquirirem direitos em nome próprio, por força da sua própria existência? Não estamos em relações singulares com entes como esses tanto quanto estamos com entes como nós mesmos? Por que a nossa relação com eles, ou a relação deles entre si, seria menos social do que as que acreditamos manter entre nós mesmos?

Seja como for, as crises do direito que Deleuze descreve se devem a mutações nas formações sociais, a transformações do capitalismo que, não por acaso, Marx (2017) definiu como uma relação social. Devem-se, também, à transformação das funções diagramáticas do *socius*. Eis o que faz os códigos racharem: o advento do que Deleuze (2008) viria a chamar de *sociedades de controle*.

Chegaremos a elas, e às crises que desencadeiam no direito. Mesmo porque é por meio do diagnóstico das crises do direito, e das transformações nomológicas que as sociedades de controle implicam, que poderemos encontrar o leito de sentido no qual Deleuze desenvolve sua ideia de direito. Até lá, retomemos as principais linhas com que Foucault historicizou as transformações da soberania às disciplinas e à biopolítica das populações. Esse é o diagrama que Deleuze acumulará da inspiração de William Burroughs (2000) para definir o regime dos controlatos – transformação que o próprio Foucault teria antecipado (Deleuze, 2014).

Definidas como uma anátomo-política dos corpos individuais, as sociedades disciplinares, situadas por Foucault entre os séculos XVIII e XIX, antecipavam a esclerose das formações de poder soberanas. Assim como o advento das sociedades de controle não acarretará o completo desaparecimento das técnicas disciplinares, o advento das sociedades disciplinares não apagou definitivamente os mecanismos jurídicos ou as instituições políticas que, entre os séculos XVI e XVII, deram aos Estados soberanos suas feições tradicionais.

O advento de uma formação social integra alguns dos dispositivos pregressos em uma nova rede de poderes e contrapoderes. Assim, ainda que cada formação social seja regida por uma lógica própria, quando uma sucede à outra, trata-se sempre de uma sucessão por interpenetração e contágio, nunca por mera substituição.

As sociedades soberanas estabeleceram-se economicamente sobre a possibilidade de extorquir a produção, mais do que organizá-la, e erigiram-se ao redor do direito de punir os súditos com a pena de morte (Foucault, 2009; Deleuze, 2008). O soberano direito de gládio, cuja verdade extrema exauria-se no direito de matar, era exercido por meio do espetáculo dos suplícios, e acabou por tornar-se o organizador de todo o sistema jurídico de penalidades. Os suplícios exerciam-se sobre o corpo do condenado. Suas marcas eram a exemplaridade e o espetáculo, subministrados segundo a necessidade descontínua de inscrever a dor e a crueldade em uma duração capaz de engendrar a memória coletiva da lei.

A penalidade soberana coincide com a produção ritual de um sistema de signos. O corpo supliciado torna-se o signo material da lei, enquanto a memória coletiva do suplício se produz como o seu signo imaterial. A duração lenta do suplício e o local do crime são os esteios espaço-temporais de sua efetuação. Os suplícios, por sua vez, serão justificados por razões políticas. O crime é interpretado como um ataque contra a vontade do soberano – materializada na lei violada – e contra seu corpo, pois a força da lei coincide com a força do príncipe.

Por isso, o sistema de penalidades importa para definir a lógica do exercício de poder nas sociedades de soberania. A pena deriva do soberano direito de fazer guerra aos seus inimigos (Hobbes, 2002). Internamente, esse direito assume a feição do direito penal, que manifesta, na dinâmica ritual do suplício, a sua função jurídico-política (Foucault, 1999): produzir um sistema de signos em um corpo, inscrevê-lo numa duração lenta e atroz; forjar, por meio dos afetos do terror e do medo, uma memória social da lei; repetir descontinuamente tais espetáculos para manter a sua força viva.

Na época clássica, esses mecanismos de poder conhecem deslocamentos significativos. O confisco dos bens, produtos, serviços e trabalho dos súditos perde sua centralidade em favor de novos instrumentos de controle, vigilância e organização das forças produtivas. O corpo supliciado desaparece progressivamente e, ao perder sua aura espetacular, a execução da pena se converte em um ato burocrático no qual a violência ligada ao exercício cotidiano da justiça se dissimula sob a forma de sua consciência abstrata. Então, o soberano direito sobre a vida e a morte dos súditos sobreviverá como o complemento de uma nova formação social e de poder que começa a instaurar-se: o biopoder.

A partir do século XVII, o poder sobre a vida será ampliado por meio de duas tecnologias heterogêneas, mas não contraditórias: uma anátomo-política do corpo humano e uma biopolítica das populações. Dispositivos disciplinares e mecanismos de segurança têm em comum a característica de investirem a totalidade da vida. Sua diferença relativa decorre das distinções estratégicas e de alcance, as quais se interpenetram como funções correlatas de uma forma de governamentalidade que se assenhora da totalidade dos fenômenos orgânicos em escalas variáveis. Trata-se de articular um controle global do tipo corpo-massa.

As disciplinas se exercem sobre os corpos individuais em espaços de confinamento. Obedecem a uma temporalidade descontínua e cronologicamente estabelecida. Seus objetivos são adestrá-los, acrescer suas aptidões, mas também neutralizar suas forças de resistência e sedição, obtendo ganhos de utilidade e docilidade, e integrando-os a sistemas de produção providos de controles eficazes (Foucault, 2009).

Foucault faz da prisão o modelo analógico dos demais meios de confinamento – família, escola, caserna, fábrica, hospital (Deleuze, 2008). O espaço disciplinar já não é mais exclusivamente negativo – como o cadafalso –, mas um meio fechado e interior, no qual se exerce um poder positivo e fabril, que produz uma alma como efeito subjetivo das sujeições infinitesimais depositadas no corpo.

Ainda que as disciplinas tivessem por centro o corpo dos indivíduos, já não se tratava do corpo do condenado a ser eliminado do conjunto de forças sociais. Tratava-se, agora, do corpo a ser "moldado" por um sistema de micropenalidades *para* ou *infra*jurídicas, no qual a sanção normalizadora implicava a correção do gesto desviante e sua adaptação a uma estrutura funcional, a um dispositivo.

As durações finitas e atrozes dos espetáculos do suplício são substituídas por sanções disciplinares, que são: de longa duração; infinitas, porque sua aplicação tende idealmente à normalização; e descontínuas, porque relacionadas a cada gesto associado ao espaço disciplinar. A capilaridade das distribuições espaciais e o controle temporalmente descontínuo, viabilizado pela opacidade da vigilância hierárquica, visam à interiorização de um sistema de signos e de normas, mas já dispensam as técnicas negativas da soberania.

Já não é preciso incorporar a lei pela via afetiva de uma memória atroz, finita, descontínua e durável, mas interiorizar a norma sob a forma eficaz da culpa que acomete a alma que as disciplinas forjam como o lado "de dentro" dos corpos disciplinados. A culpa e a quitação aparente que os espaços de confinamento oferecem constituem o mecanismo de subjetivação que torna as disciplinas eficazes.

Ante o poder soberano, as disciplinas são heterotópicas e heterócronas. Seu lugar já não é o local do crime ou o cadafalso montado para aterrorizar o público, mas o confinamento e a produção disciplinar de um espaço ainda mais interior – a alma, a subjetividade, constituída pela culpa incessantemente entronizada pelas disciplinas e organizada pela proclamação de uma quitação aparente gerada como efeito de normalização. Seu tempo tampouco corresponde ao tempo finito e exemplar dos suplícios, mas à temporalidade infinita e descontínua, com efeitos de longa duração, das sanções normalizadoras. Estas serão incorporadas à sede física, o esquema sensório-motor dos corpos, e à sede espiritual, a subjetividade, de modo a fabricar indivíduos como quadriculamentos em massas amorfas ou moldagens de materiais biopsíquicos informes.

A segunda linha de desenvolvimento do biopoder, definida por Foucault como uma biopolítica das populações, estabelece-se do século XVIII em diante, e continua a ter por alvo os corpos, mas a partir de estratégias e de um alcance distintos em relação aos mecanismos disciplinares. No curso dessa mutação, os mecanismos oriundos da desativação parcial das sociedades soberanas e da crise contínua dos meios disciplinares de confinamento se cruzam com novos deslocamentos estratégicos que estarão implicados na lógica inédita das sociedades de controle.

As estratégias da biopolítica das populações centram-se sobre o corpo-espécie e seguem as articulações dos processos biológicos implicados em fenômenos de massa. Elas se desenvolvem por meio de uma série de intervenções e controles singulares (Foucault, 2009) que administram conjuntos de fenômenos, seus efeitos e sua aleatoriedade futura (Castro, 2011). Enquanto as disciplinas controlavam a inserção dos corpos nos sistemas produtivos, a biopolítica produzia os ajustes necessários de fenômenos populacionais diversos, como natalidade, mortalidade, longevidade, fecundidade, controle e erradicação de epidemias, fome, etc., aos processos econômicos e ao desenvolvimento do capitalismo.

Disciplinas e biopolítica encarnam as linhas heterogêneas de desenvolvimento de uma lógica responsável por colocar a vida e os processos biológicos no centro do cálculo governamental e da luta política. Uma expressão do controle, mas também do vitalismo do poder. Seu entrecruzamento gerou uma série de tecnologias políticas, concebidas ora para atuar no nível microfísico dos corpos singulares, na sua imediatez e normalização infinitas, ora para administrar os efeitos presentes e virtuais de conjuntos de fenômenos populacionais.

Esse é o terreno paradoxal em que as sociedades de controle encontram sua origem. Ao mesmo tempo que o biopoder e os controles devem gerir a vida de indivíduos e populações, liberando-os da fome, da escravidão, da doença e da morte, a sujeição insidiosa, não raro voluntária, a esses mecanismos de segurança é o signo de um deslocamento radical em que a vida se torna objeto do poder e, a um só tempo, a trama cerrada em que nascerão as resistências a ele.

Esse é, também, o significado indeterminado do advento das sociedades de controle. Os mesmos controles que oprimem também podem fazer de nós sujeitos relativamente mais livres, na medida em que o poder se incorpora à liberdade. Simultânea, e paradoxalmente, as liberdades são tecidas nas tramas do poder. Não há pura prática de liberdade que não esteja enredada em estratégias de poder; nem há exercício de poder que não comporte linhas de fuga, de liberdade ou mesmo a divergência das práticas e dos usos dos poderes, mobilizando-os em função da emergência de contrapoderes situados.

Bastaria pensar nos aparatos mais ubíquos das democracias ocidentais, as câmeras fotográficas e, mais tarde, de vídeo. Invenção contemporânea à das polícias, as câmeras estiveram tanto na gênese da criminologia dita científica do oitocentos, servindo à construção do racismo dos Estados policiais que se aproveitavam das contribuições de Galton, Bertillon e Lombroso (Corrêa e Mello, 2020), como foram desviadas por populações negras e periféricas através de estratégias de *sousveillance* em rede, e que deram o *start* para as sublevações norte-americanas e globais do Black Lives Matter (Cocco e Corrêa, 2024).

Anos mais tarde, esse desvio no uso de um objeto técnico que se tornou molecular e cotidiano, então operado por grupos de usuários – os negros dos subúrbios e periferias norte e latino-americanas, alvos contumazes do racismo institucional –, conhecerá um novo devir: o seu tornar-se instituição.

Isso ocorre quando câmeras portáteis se transformam em itens obrigatórios do fardamento das polícias ostensivas mundo afora. Isso faz das câmeras mecanismos de segurança, senão preventivos, ao menos inibidores da violência policial. Esse é um exemplo de como os controles podem ser curvados, retorcidos ou modulados para combater práticas "soberanas" de instituições disciplinares. E como essa torção pode alterar as práticas e o modo de existência de uma instituição.

Assim como a transição entre as sociedades soberanas e as sociedades disciplinares alterou os regimes de espaços, tempos e signos, o mesmo ocorre com o advento das sociedades de controle. Os espaços de confinamento que as técnicas disciplinares inventaram entram em crise. O panoptismo desce de sua torre central. O controle infinito e descontínuo da vigilância se reticula, e se torna imanente ao campo social.

Já não é preciso fazer os indivíduos passarem de um espaço fechado a outro, como se atravessassem por moldes. Liberados em espaços abertos e virtualmente ilimitados, a individualidade pessoal se estilhaça em *divíduos* (Raunig, 2016) que passam a mover-se como fluxos de informação e comunicação cujo tráfego deve ser modulado. Com a crise dos espaços de confinamento, resta apenas um espaço aberto e um controle "de curto prazo e de rotação rápida, mas também contínuo e ilimitado" (Deleuze, 2008, p. 224).

[A indeterminação dos controles]

Assim como as técnicas de controle transformam o esquema espaço-temporal, também veremos os modos jurídicos de existência e os regimes de signos se alterarem profundamente. Nas sociedades disciplinares, nunca parávamos de recomeçar. A passagem de um espaço de confinamento a outro se operava através de uma contínua culpabilização e, entre lá e cá, parecia que ficávamos quites com a arquitetura de poder que abandonávamos.

Ao ingressar em um novo espaço fechado, éramos proclamados culpados por nossa infância, loucura, delinquência, doença, ignorância ou preguiça. A vida, toda em um espaço fechado, se definia pela aquisição de uma memória sensório-motora normalizada. Era preciso aprender os gestos dos adultos, dos sãos, dos cidadãos, dos sábios ou dos operários produtivos.

Adquiridos os gestos, interiorizávamos a norma colateral à culpa. Então, era possível transitar de uma estrutura de confinamento a outra. Da família à escola, da escola à caserna, da caserna à fábrica, da fábrica ao hospital psiquiátrico e eventualmente à prisão. Íamos sempre cumulados de culpas insuspeitas e dos efeitos de subjetivação que multiplicam o poder das normas (Foucault, 2001). Sob esse ponto de vista, não há qualquer novidade na repentina descoberta de uma "psicopolítica" das redes (Han, 2018) – exceto, muito provavelmente, as próprias redes.

Já nas sociedades de controle, nunca começamos nem terminamos nada (Deleuze, 2008). Já não passamos de um espaço fechado a outro. Agora, fluímos entre canais delicadamente modulados na aberta imanência do *socius*: "Um controle não é uma disciplina. [Multiplicando os meios de controle] as pessoas podem rodar ao infinito e 'livremente' sem de modo algum estarem confinadas, e ainda assim sendo perfeitamente controladas" (Deleuze, 2016, p. 341).

Os confinamentos desmoronam pelas beiradas. Sua crise agora distribui e multiplica os meios de controle por uma extensão ilimitada. A sensação de quitação aparente das disciplinas não mais virá. A culpa se tornou mais duradoura e profunda. Na medida em que a culpa finita das disciplinas se difundiu, tomamos consciência de que a dívida estava por toda parte, e havia se tornado ilimitada. Só nos cabe amortizá-la infinitamente, e o homem confinado das disciplinas dará lugar ao homem endividado dos controles. Tornada infinita, a dívida mesma, e a sua consciência, tornam-se meios de controle (Lazzarato, 2017), modulações dos possíveis existenciais e das semioses coletivas.

Os controles já não determinam a posição de um indivíduo em uma massa, mas convertem o indivíduo e a massa na linguagem numérica do controle. Tudo se torna conversível em informação. Quanta linguagem informacional não define o acoplamento entre nosso corpo, nossos *gadgets* e nossos celulares como um conglomerado ambulante de bio-hipermídia (Griziotti, 2016)?

Das linhas do seu polegar ao traçado dos seus dados de navegação *online*. Da geometria do seu rosto aos tempos fortes do seu coração. Dos registros das suas noites nem sempre de sono até a variação do seu ritmo circadiano. Tudo embalado no *App* de *fitness and wellness* (quando não de *mindfulness*). Tudo vira linguagem numérica. Tudo é levado a participar do *letramento universal* (Burroughs, 2000) no qual os controles se alavancam. Assim, "Os indivíduos tornaram-se '*dividuais*', divisíveis, e as massas tornaram-se amostras, dados, mercados ou bancos" (Deleuze, 2008, p. 222).

O capital leva essa força de desterritorialização para muito além dos corpos. Fluxos virtuais de dinheiro substituem as divisas físicas em ouro, e chega ao fim o lastro material das moedas. De agora em diante, em contínua sístole-diástole, elas passam a conhecer o efeito-sanfona fiduciário. No lugar das máquinas energéticas e termodinâmicas, máquinas de informação se tornam o modelo da produção imaterial. Serviços e *stocks* subvertem a centralidade da antiga produção primária e material. A alma da empresa assombra e engole a arquitetura da fábrica.

Trabalhadores cognitivos se tornam mônadas empresariais desterritorializadas. Nos seus *home offices*, são agenciados e coadaptados pela infraestrutura das plataformas capitalistas, que passam a permear todos os regimes da atividade humana como *a organização das organizações*. A corrupção se torna a lógica predominante na qual os agentes econômicos se movem, e o *marketing* se transforma em instrumento de controle social. O capitalismo global conhece um novo ciclo de desterritorialização, dissipa fronteiras e corpos, delimita as margens flexíveis e precárias do *socius*.

Os confinamentos das disciplinas definiam-se como espaços fechados, temporalidades cronológicas, regimes de signos normativos que funcionavam como moldes pelos quais se faziam passar os corpos. Os controles implicam mais do que a generalização da lógica vigente nos meios de confinamento (Negri e Hardt, 2004, p. 116). Quando as paredes das fábricas e das prisões desabam, "somos de todas as partes levados a não mais pensar em termos de matéria-forma" (Deleuze, 2016, p. 166).

Os controles agora se distendem em um espaço social aberto e indeterminado, alterando também a lógica de totalização social. Ela agora funciona numa temporalidade não-cronológica e num regime pós-hilemórfico, de plasticidade, modulação e variação contínua. Radicalmente socializados, os dispositivos de poder já não funcionam no regime normalizador e tutelar das disciplinas, mas na dinâmica nomádica e autônoma dos controles. As disciplinas moldam, mas os controles modulam. Enquanto "moldar é modular de maneira definitiva", "modular é moldar de maneira contínua e de forma perpetuamente variável" (Simondon, 2020a, p. 52). Ou seja, a modulação é "uma moldagem que não termina" (Rodríguez, 2019, p. 365).

As modulações variáveis descodificam os referenciais que as disciplinas um dia codificaram. Reorganizam em sistemas globais de equilíbrios metaestáveis as relações salário-lucro, avaliação contínua-exame, prêmio-mérito, etc. É possível derreter os salários, tornar imprevisível a lógica da recompensa por mérito e a competição entre indivíduos, desterritorializar a produção e os serviços para o outro lado do planeta, ou para fora dele (basta pensar na Starlink ou na SpaceX, de Elon Musk), e descodificar continuamente os referenciais econômicos.

Tudo o que se controla são fluxos, móveis por definição, e tudo o que se move torna-se passível de controle. Já não se trata de disciplinar e manter a ordem, mas de gerir continuamente a desordem na iminência da sua linha de arrebentação entrópica. Neste regime em que ingressamos, modular os efeitos da desordem é a única maneira eficaz de manter sob controle tudo o que é ingovernável por definição.

Os controles desmancham tudo o que era sólido como um gás, uma imensa coleção de partículas sem forma nem volume definidos. Tudo o que existe vem a ser a linguagem que nomeia e enumera um material molecular vasto e instável, que não pode ser moldado, mas conhece apenas sucessões de variações de estados, como compressões, expansões, miscibilidades, turbulências e viscosidades. Um grande sistema molecular entrópico que os controles tentam manter em estados de equilíbrio dinâmico.

Daí porque as lutas políticas que os sindicatos travaram contra os mecanismos disciplinares durantes os séculos XIX e XX, e que contrapunham ao lado de dentro dos panoptismos um "Fora" liberador, perdem seu sentido, na medida em que aquilo que é capturado pelas sociedades de controle é o próprio Fora (Lazaratto, 2006). No entanto, as sociedades de controle não são o anátema das lutas. Elas não são o seu crepúsculo, a sua deposição ou o seu cansaço, mas o seu deslocamento.

Foi o escritor *beat* William Burroughs quem antes captou a dinâmica dos controles em meio à primeira floração dos *gadgets* de informação e das mídias de massa norte-americanas no fim dos anos 1970. Ele definia os controles como operações que fazem intervir uma série de técnicas de força e de manipulação psicológica para as quais a comunicação e a linguagem eram essenciais: "palavras ainda são os principais instrumentos de controle. Sugestões são palavras. Persuasões são palavras. Ordens são palavras. Nenhuma máquina de controle até aqui conhecida pode operar sem palavras[...]", escreveu Burroughs (2000 [1975]) em *The limits of control*.

Isso não significava que, sob o predomínio da linguagem, veríamos desaparecer por completo a violência. Indicava, ao revés, que as técnicas de controle estavam em vias de produzir uma inédita articulação entre violência e linguagem. Essa articulação era a dos "grupos de controle" que exerciam o *soft power* das palavras de ordem e dos *media*. Um tipo de modulação muito diversa de uma imposição de forma. Ela nos faz ouvir palavras e mais palavras, e nos afeta das mais benévolas concessões, que não passam de meios táticos de reter o controle a cada vez que se está em vias de perdê-lo.

Manobras sutis para tentar chegar a um equilíbrio, e evitar tanto quanto possível a evidência da violência, e o seu exercício. Este é o referencial de uma operação de controle bem-sucedida: aquela à qual a violência que impõe as formas não comparece. E os grupos de controle sabem muito bem que a força, uma vez exercida, "subverte o poder do dinheiro" (Burroughs, 2000).

Os controles exprimem conjugações estratégicas e mobilizações táticas do poder do dinheiro. Precisam ser *soft*, porque é sobre as vontades que os controles se exercem. São as vontades que os controles modulam. Se eles as esmagarem todas, substituindo-as por um puro automatismo, os controles perdem seu objeto, sua eficácia e sua força específica: "se estabeleço, de algum modo, um controle *completo*", diz Burroughs, "então minha cobaia é pouco mais do que um gravador. Você não *controla* um gravador – você o *usa*" (Burroughs, 2000). Daí porque os controles não podem ser reduzidos nem à mera violência, nem a um sistema de automação dos comportamentos num sistema de vigilância total.

Infinitamente mais sutis, os controles não podem modular as cargas de desejo e de liberdade se eles as anularem completamente. Esse é o impasse das técnicas de controle, segundo Burroughs: "Todos os sistemas de controle tentam fazê-lo o mais estreito possível, mas ao mesmo tempo, se eles conseguirem fazê-lo completamente, já não restaria mais nada a controlar. Onde não existe mais oposição, o controle se torna uma proposição sem sentido" (Burroughs, 2000). Em outras palavras, "[...] quanto mais completamente hermético e aparentemente bem-sucedido um sistema de controle é, mais vulnerável ele se torna" (Burroughs, 2000).

As tecnologias de controle não estão determinadas *a priori* por nada. "Não há nada de unívoco" nelas, "nada que determine de maneira definitiva a sua orientação e seus efeitos" (Sutter, 2020, p. 44). De direito, as técnicas de controle estão sujeitas à indeterminação e, portanto, aparecem como um *milieu* que as lutas poderiam modular. Por outro lado, Burroughs evidenciou claramente a articulação das tecnologias de controle com certo nível de violência, ainda que sutilizada, e com o poder do dinheiro do que chamou de "grupos de controle" – os quais poderíamos tomar como o grupo adversário dos "grupos de usuários".

Mesmo assim, as técnicas de controle precisam ser parciais, e jamais completas, para funcionar. Isso não as coloca apenas diante de uma terrível contradição, mas de um *limite* técnico que pode ser explorado politicamente. Ainda que "as técnicas de força e controle psicológico" sejam "constantemente melhoradas e refinadas", diz Burroughs (2000), "a dissensão mundial nunca foi tão difundida, ou tão perigosa, para os controladores atuais". Isso não é tanto uma esperança quanto uma evidência e um limite da realidade técnica dos controles.

Se a nossa era é a das lutas pelas modulações, isso se deve a dois fatores. Por um lado, à indeterminação *de direito* das técnicas de controle, que não podem automatizar a vontade ou exercer a violência da imposição das formas sem arruinar-se, e sem depor a si mesma. Por outro, às margens de liberdade e de desejo, que aqui e ali acumulam incompatibilidades com as estratégias de controle que exprimem o poder do dinheiro dos "grupos de controle". A indeterminação das técnicas de controle é também a ambivalência do direito a que correspondem.

[O *nómos* das sociedades de controle]

Quando as sociedades disciplinares começam a dar lugar às sociedades de controle, a transformação da ideia de lei coalesce com a reconfiguração nomológica do campo social. Não por acaso, é Kafka quem Deleuze encontra instalado no coração dessa passagem, que será marcada por "uma crise de todos os meios de confinamento" (Deleuze, 2008, p. 220). Essa crise é também a das moldagens legais e do hilemorfismo. Uma crise das leis e dos moldes que deixará para trás duas imagens da lei.

A primeira é a imagem clássica e platônica da lei, que findou por impor-se ao mundo cristão. Tal imagem determina um duplo estado da lei. Em primeiro plano, do ponto de vista de seu princípio, a lei não é primeira, mas um poder secundário e delegado. Depende da Ideia de Bem, que encarna um fundamento mais elevado, de tal modo que a lei não passa do "representante do Bem num mundo que ele de certa forma abandonou" (Deleuze, 2009, p. 81). Porém, a lei não se sustenta por si só. Precisa da mediação da força que, idealmente, apela a um princípio mais elevado e exige uma consequência ulterior.

A segunda imagem da lei que deixamos para trás é a de Kant. Na *Crítica da razão prática*, veremos que a lei já não mais depende da Ideia de Bem, como em Platão, mas, ao contrário, o Bem é que passa a depender da lei. Assim, a lei não precisa mais fundar-se em um princípio superior do qual retiraria seu direito. A lei passa a valer por si mesma, e a fundar a si mesma. Não tem outra fonte que não sua própria e pura *forma*. A partir daí é que se pode dizer "a Lei", sem indicar qualquer objeto, sem outra especificação necessária.

Quando Kant, por exemplo, fala da lei moral, a palavra "moral" designaria, segundo Deleuze, apenas a determinação daquilo que permanece absolutamente indeterminado: "a lei moral é a representação da pura forma, independentemente de um conteúdo e de um objeto, de um domínio e de circunstâncias. A lei moral significa A Lei, a forma da lei, excluindo qualquer princípio superior capaz de fundá-la" (Deleuze, 2009, p. 83). Essa é a sua forma propriamente moderna.

Deleuze chega a afirmar que a revolução copernicana produzida por Kant com a *Crítica da razão pura*, que fazia os objetos de conhecimento gravitarem em torno do sujeito, teria sido de menor importância quando comparada àquela que se teria produzido fazendo o Bem girar em torno da Lei. Era não só a expressão de que importantes mudanças ocorriam no mundo, mas também implicava que, "[...] fazendo da Lei um fundamento último, Kant dotava o pensamento moderno de uma de suas principais dimensões: o objeto da lei se furta essencialmente" (Deleuze, 2009, p. 83).

É Kafka quem descreve os modos de existência jurídicos muito diferentes entre os quais nossas sociedades hesitam. De um lado, há a lógica hilemórfica de poder que corresponde à moldagem descontínua dos confinamentos e da quitação aparente, que disciplinam corpos individuais e os posicionam em massas. De outro, o regime de variação contínua dos controlatos digitais que se distribuem em espaços abertos, e se exercem como um adiamento infinito da dívida sobre divíduos (probabilidades moleculares) e bancos de amostras e dados (nuvens estatísticas). Estes formariam "um sistema de geometria variável cuja linguagem é numérica [digital]" (Deleuze, 2008, p. 221).

Nas sociedades de controle, a lei não se funda no Bem, como em Platão, nem em sua forma pura, vazia e indeterminada, como em Kant. O que as modulações dos controles colocam em xeque, como vimos, é o conjunto de articulações que sustentavam a lei ou as leis. Primeiro, a articulação entre o Bem (a transcendência da Ideia) e a força; segundo, a articulação entre forma (a fonte de autoridade) e a matéria informe. A crise da lei e a crise dos moldes sustentam-se numa crise mais geral e profunda: a crise dos hilemorfismos.

A lei já não é a forma ativa que molda materiais amorfos e passivos. Nas sociedades de controle, sua estática hilemórfica se arruína e dá lugar ao dinamismo de modulações ultrarrápidas em espaços abertos e ilimitados. Se "o regime significante torna possível [...] um regime pós-significante, que rebate o sujeito de enunciação sobre os enunciados dominantes, e que produz uma outra forma de controle" (Montebello, 2008, p. 141), então passamos da transcendência do par matéria-forma ao plano de consistência do par conteúdo-expressão. Isto é, aos controles funcionando como uma usina de individuações.

Alguém poderia inventariar as relações de vizinhança entre os controlatos, sua lógica, e o advento de um *nómos* que caracterizaria as sociedades de controle. O capitalismo, dispersivo e de sobreprodução, promoveria distribuições livres em um espaço virtualmente aberto, indiviso, ilimitado. Faria vigorar um regime de modulações em variação contínua. Circularia valor por meio de um sistema de trocas flutuantes, garantido por um governo ondulatório globalizado que teria emergido da vitória técnica e maquínica da computação universal.

Esse mesmo alguém poderia, então, afirmar que ingressamos em um mundo sem *logos*, o que não é mais do que o elogio "das novas forças que se enunciam", arrastadas por "uma mutação do capitalismo" (Deleuze, 2008, p. 220 e 223). O *nómos* como configuração nômade de um mundo sem *logos* poderia soar como confirmação e chancela da nova textura nomológica do capital. Sua geometria ecumenista seria construída à base de *Big Techs*, extrativismo digital, governamentalidade algorítmica e capitalismo de vigilância.

De fato, o capitalismo possui uma lei, e os controles extrativos que emergem com as redes de comunicação instantâneas não escapam a ela: "O que ele [o capital] descodifica com uma das mãos, axiomatiza com a outra" (Deleuze e Guattari, 2010, p. 326). O efeito mágico do capital é o de abstrair e vampirizar o trabalho vivo, estocando-o na forma do trabalho morto, enquanto se apresenta como a "causa metafísica" da produção.

Mas esse efeito mágico decorre da tendência universal do capitalismo de descodificar e liberar sempre mais os fluxos de seus limites e territórios a fim de axiomatizá-los mais adiante. A lei e o *nómos* do capitalismo, que lhe permitem controlar os fluxos que agitam um bloco de espaço-tempo, é a lei da desterritorialização de fluxos velozmente compensada por cortes sucessivos e pela imposição de limites relativos aos processos de desterritorialização.

O capitalismo é o limite social mais informatizado, financeiro, abstrato e dispersivo. Um *nómos* ecumênico que só desterritorializa ao preço de reterritorializar. Já não se trata apenas de tomar a terra, ou de terraformar Marte, mas de uma operação vetorialista (Wark, 2015) que incide sobre as suas condições de possibilidade. Isto é, trata-se da tomada de fluxos moleculares livres, da ligação de materiais complexos e intensos a um território organizado sob um *logos*, que é o do capital. Seu limite exterior é o próprio *nómos* do capitalismo. Seu limite interior, os controles.

Enquanto as disciplinas constituíam corpos dóceis e úteis por confinamento e normalização, os controles informacionais são nomológicos e nomádicos. Comunicam e distribuem potenciais de individuação e informação por todo o *socius* em um regime múltiplo, vago e molecular de modulação *soft* do qual aprenderam a tirar a utilidade e a docilidade como efeitos globais, de conjunto. Os controles são dispersões concentracionárias, centrípetas, que mantêm ligadas ao *socius*, aqui e ali, as dispersões nômades, centrífugas – as linhas de fuga pelas quais um campo social se define.

Em *O que é ato de criação?* Deleuze (2016, p. 341) conceituou a *informação* como "o sistema controlado das palavras de ordem que têm curso numa dada sociedade". Tudo o que se comunica, transmite, propaga, são informações. E informações são conjuntos de palavras de ordem que nos fazem acreditar no que comunicam. Ou, se não o fazem, pelo menos exigem "que nos comportemos como se acreditássemos" (Deleuze, 2016, p. 340).

Há duas razões pelas quais Deleuze define a informação como o conjunto das palavras de ordem que a comunicação transmite e faz circular em uma sociedade. Primeira, a informação – como a palavra de ordem de que depende – é um sistema de redundância, que remete apenas a outras informações e palavras de ordem. Um sistema de redundância é uma ordem circular antes de ser palavra (Deleuze e Guattari, 1995b); comunicação antes de ser informação.

Segunda, o *nómos* que relaciona informações e palavras de ordem não pode instanciar-se em si mesmo. Remete a pressupostos implícitos, não informacionais e não linguísticos. Eles consistem em blocos de agenciamentos que Deleuze e Guattari disseram "concretos", "materiais", "sociais" e "jurídicos". São eles que garantem que toda modulação incorporal, imaterial e de sentido seja inscrita nos corpos humanos e não humanos, produza efeitos reais, e circunscreva territórios determinados. Como veremos, não há as palavras, por um lado, e os corpos e as coisas por outro, mas um mesmo plano de conteúdo-expressão.

A informação comunica o *nómos* que organiza uma sociedade, uma ecologia de termos e corpos heterogêneos, humanos e não humanos, bem como os agenciamentos que a instanciam. Sua própria comunicação é uma ordem. Isto é, pressupõe e faz funcionar um sistema de redundância. Ela reitera um *logos*, um sentido unívoco de forças de composição que tentam arrastar as multiplicidades, os divíduos, os fragmentos e as partes não totais. O que emite são sentenças, informações que emanam de agenciamentos materiais, sociais, jurídicos, sensíveis, corpóreos e incorporais.

Sob a linguagem e o numérico, deveríamos compreender a informação como uma percussão. Uma batida. Um ritmo sígnico. O elemento mínimo que produz a pulsação primeira de um *nómos*. Sua *arché* e seu vetor de organização. O efeito pulsado de um *logos*, que logo esquadrinha um território, organiza sistemas de controles e ecos, exige e distribui os corpos - exatamente como a onda acústica requer e mobiliza um meio material para se propagar.

[Hilemorfismo em transe]

Não é o Bem nem a forma pura e vazia da lei, ou mesmo o par matéria-forma, que poderiam definir o direito nas sociedades de controle. Por isso, já não poderíamos dizer que o advento do *nómos* dos controles reconfigura a imagem do direito.

Na verdade, as sociedades de controle e suas técnicas de modulação produzem um direito sem imagem, que Deleuze tentou captar em suas séries de desmoronamentos disciplinares: fábricas, prisões, escolas, hospitais, mas também os códigos e as leis. De maneira geral, essa crise é a do hilemorfismo, como esquema cognitivo e como modelo de ação, que orienta as práticas silogísticas do direito. O que temos, agora, é um hilemorfismo em transe.

Tudo o que dissemos neste capítulo exige o desmonte de dois preconceitos teóricos que formalizam a compreensão tradicional do direito há muito tempo. Eles correspondem a duas divisões que remontam a uma forma hilemórfica de pensar, e se cruzam na versão normativa da teoria jurídica proposta por Hans Kelsen. São elas, a distinção entre forma e conteúdo e a distinção entre sujeito e objeto.

No neokantismo que dá forma à teoria kelseniana do direito, a divisão entre forma e conteúdo provém da suposição de uma divisão mais profunda, derivada da teoria do conhecimento: a distinção entre sujeito cognoscente e objeto de conhecimento. Essas duas disjunções (forma-conteúdo, sujeito-objeto) estão na origem de uma série coerente de outras distinções que objetivam tratar o direito em geral como uma técnica social específica de caráter normativo (Kelsen, 2005).

É o caso das distinções cognitivas, e também operadas na prática cotidiana, entre direito e fato, norma e conduta, validade e eficácia, direito objetivo e subjetivo, pessoa em sentido jurídico e em sentido natural, ciência normativa e ciência causal, interpretação como ato de conhecimento e como ato de vontade, entre outras que igualmente atravessam a obra de Kelsen (2011). Todas essas distinções, que Kelsen se esforçou para tornar precisas e operáveis, repercutem no sistema de hierarquias e transcendências que está em jogo na teoria moderna do direito: as grandes divisões entre Natureza e Cultura, Sujeito e Objeto, Pessoa e Coisa, Conhecimento e Volição, Corpo e Intelecto.

De um ponto de vista interno à proposta teórica de Kelsen, o fio vermelho que mantém essas distinções coesas e disjuntas poderia ser explicado a partir da distinção epistêmica e metódica entre os registros do *Sein* (o Ser, a ontologia) e do *Sollen* (o dever-ser, a normatividade), entre os quais as distinções de que falamos há pouco se distribuem. No entanto, quando adotamos um ponto de vista exterior a seu postulado epistêmico, e à coerência neokantiana que o guia, percebemos que essa distinção estruturante não apenas constitui uma condição de possibilidade para formular uma ciência positiva do direito, mas se sustenta na adoção residual de um postulado de natureza hilemórfica.

O hilemorfismo é a doutrina comum a Aristóteles e à filosofia escolástica que explica os seres a partir de um jogo entre matéria e forma (Lalande, 2010, p. 426). Ela aparecerá no livro VII da *Metafísica* de Aristóteles (2002, p. 339 [1037a 30-32]), quando se definia a substância como "[...] a forma imanente, cuja união com a matéria constitui a substância-sinolo [...]". A noção de "sinolo" deriva do grego *σύνολον*, termo geralmente traduzido como "composto". Nesse sentido, a substância é definida como o composto entre matéria (*ὕλη*, "hylé") e forma (*εἶδος*, "Eidos"), mesmo termo grego pelo qual se traduziu o conceito platônico de Ideia. E talvez não fosse demais lembrar que a Ideia de Bem, fundamento das leis, funciona como o referente inteligível que preside todas as demais Ideias (Platão, 2012).

O hilemorfismo de Aristóteles é a solução encontrada para tomar distância tanto do idealismo platônico quanto do materialismo dos pré-socráticos, ao afirmar que todo ser é um composto de matéria e forma (*τὸ σύνολον ου τὸ ἐξ ἀμφοῖν*), e que a forma, imanente às coisas, determina, configura ou organiza a matéria.

Não por acaso, o silogismo – padrão-ouro do raciocínio aristotélico – será transportado à metodologia prática do direito como um dos itens indispensáveis ao raciocínio jurídico moderno (Larenz, 1997; Perelman, 1996). Ele consiste em uma forma lógica aplicada a proposições linguísticas que permite discernir formalmente quais raciocínios são válidos na medida em que conservam íntegras as relações dedutivas entre os termos, os quais podem permanecer inteiramente abstratos nessa operação.

Se voltarmos a Kelsen, o veremos dispensar como extrajurídicos o problema da gênese e o da efetividade do direito. Ao fazê-lo, Kelsen mantém o plano da normatividade em uma relação paradoxal com o plano da ontologia, porque o dever-ser e o ser se excluem reciprocamente, ao mesmo tempo que o ser é preservado como o exterior abstraído, mas indispensável, que a normatividade viria a moldar – como uma forma molda a argila, ou como um silogismo reconhece os moldes dedutivos em meio à cópula lógica das proposições.

Isso fica claro no célebre capítulo VIII de *Teoria pura do direito*, dedicado à interpretação. Nele, Kelsen reconhece a intromissão necessária de um ato de vontade subjetivo (plano do ser) que torna o direito objetivo (plano do dever-ser) operativo: "a obtenção da norma individual no processo de aplicação da lei é, na medida em que nesse processo seja preenchida a moldura da norma geral, uma função voluntária" (Kelsen, 2011, p. 393).

Assim, em ato, o direito funcionaria como um composto de forma e matéria ao quadrado, em que objetividade e subjetividade se cruzam. Se pensarmos no ato de interpretação, o direito é um composto de forma objetiva (o ato de conhecimento) integrado por uma matéria subjetiva (a vontade do magistrado, limitada pelo primeiro por uma moldura, um molde). Se pensarmos no esquema da subsunção, o direito é um composto de forma subjetiva (a lei, expressão objetiva da vontade do legislador) e matéria objetiva (o caso, material fático).

Essa imagem duplamente hilemórfica do direito não está presente apenas em Kelsen, mas constitui parte da paisagem dominante pela qual representamos o direito. Em primeiro lugar, na medida em que a ciência do direito é uma ciência das formas jurídicas, relativamente indiferente a qualquer conteúdo ou materiais. Em segundo lugar, ao passo que a noção geral de norma jurídica é epistêmica e metodicamente formal, e conserva no exterior de si mesma aquilo que, paradoxalmente, é o material mais ou menos inerte que as normas se aplicam a moldar continuamente: a natureza, os fatos, as pessoas naturais, as condutas efetivas, os atos de vontade, sua própria e sociológica efetividade.

As distinções entre normatividade e ontologia, bem como todas as que parecem decorrer delas na *Teoria pura*, têm tanto a função epistêmica de tornar possível o tratamento cognitivo do direito quanto pressupõem a articulação obscura de tudo o que seu postulado metódico da pureza (Warat, 2004) visa a manter separado. Trata-se de abstrair dos conteúdos para conhecer o direito por meio de suas formas, supondo um sujeito cognoscente e um objeto passível de conhecimento – na melhor tradição da gnosiologia kantiana –, ao preço de que as formas jurídicas governem a matéria informe da qual a Ciência Jurídica pretendeu divorciá-la.

Sob o esquema gnosiológico kantiano que fundamenta a *Teoria pura do direito* subsiste um postulado hilemórfico residual. Ao dizê-lo, não reduzimos o kantismo ao hilemorfismo aristotélico, mesmo porque ambos apresentam modelos distintos de explicação do Ser. Enquanto o modelo aristotélico gravita em torno da substância ou da essência imanentes, o kantiano revoluciona a forma de pensar a estrutura do Ser e o que nela se pode conhecer. E o faz, na medida em que inscreve as condições, sempre relativas, de conhecimento de um determinado fenômeno na estrutura da subjetividade do sujeito cognoscente.

Ainda assim, a cisão kantiana do Ser nas dimensões do *númeno* e do *fenômeno* não elimina a persistência de um resíduo hilemórfico na teoria do conhecimento. A sensibilidade e o entendimento *a priori* correspondem a um conjunto de formas que condicionam o que podemos conhecer de forma universalmente válida ao restringi-lo. Esse é o pressuposto que é retomado pela *Teoria pura do direito* kelseniana, dedicada a conhecer a normatividade do direito por meio das formas jurídicas independentemente de seus conteúdos variáveis ou das condições acidentais de sua gênese. Sob esse ponto de vista, externo tanto a Kant quanto a Kelsen, a aproximação com a doutrina hilemórfica como um modelo universal de pensamento torna-se possível.[8]

Ao impor uma apreensão do direito "pronto e acabado", reconhecendo os processos da sua gênese como um problema metajurídico, e ao predispor um sujeito cognoscente (o cientista do direito) diante de um objeto já inteiramente formado (o sistema do direito objetivo) pela interpretação e pela construção escalonada do ordenamento, seu hilemorfismo revela-se a fonte dos dois preconceitos que nos impedem de compreender o sentido da filosofia do direito de Deleuze.

[8] A propósito, essa foi a crítica que Gilbert Simondon dirigiu a Kant, da qual destacamos: "O fenomenismo relativista é perfeitamente válido na medida em que indica nossa incapacidade de conhecer absolutamente um ser físico, sem refazer sua gênese, e à maneira pela qual conhecemos ou acreditamos conhecer o sujeito, no isolamento da consciência de si. Porém, no fundo da crítica do conhecimento, fica este postulado, de que o ser é fundamentalmente substância, isto é, em si e por si" (Simondon, 2020a, p. 110). Anne Sauvagnargues resumiu a crítica que Simondon opôs a Kant nos seguintes termos: "De princípio explicativo abstrato unicamente nominal, o princípio de individuação deve tornar-se princípio genético contemporâneo da individuação real. Isso permite a Simondon reunir em uma mesma crítica a separação aristotélica da matéria e da forma na natureza e na sensação, a separação kantiana entre matéria e forma, ou sensibilidade e entendimento, e toda separação entre matéria e forma que posiciona a forma como princípio eminente, transcendente e explicativo, ao invés de pensá-la na dimensão das forças [...]. Sua crítica inscreve-se exatamente no debate que opõe Deleuze a Kant [...]" (Sauvagnargues, 2009, p. 243).

Dado que nem as palavras, nem o raciocínio são moldes; e posto que nem as coisas, ou mesmo os fatos e as proposições, são matéria, precisamos de outra saída que não esse hilemorfismo em transe para compreender como as palavras e as coisas se relacionam no direito. É isso o que nos aguarda na teoria das palavras de ordem.

TEORIA DAS PALAVRAS DE ORDEM

[Palavras e coisas]

O enigma do direito é o enigma da relação entre as palavras e as coisas. Como o direito pode passar das palavras às coisas? Como ele atravessa o limiar entre os enunciados e os corpos? Como o aspecto normativo e imaterial do direito consegue modular a consistência física e existencial dos entes que pretende regular?

Esse conjunto de questões propõe o que chamaremos provisoriamente de *enigma da produtividade do direito*. Nosso enigma se define por um impasse, que nos impede de compreender como, no direito, podemos passar das palavras às coisas. Como veremos, esse enigma não está circunscrito ao direito, mas é compartilhado com domínios tão distintos quanto a teoria dos atos de fala e a linguagem de programação computacional.

Talvez isso tenha motivado alguns pensadores e juristas contemporâneos a buscarem explicações entre filósofos da linguagem e linguistas. Uma das mais conhecidas e elegantes soluções foi aquela proposta em *How to make things with words*, de John L. Austin (1962). Sua teoria dos atos de fala distingue entre atos constativos e performativos. Enquanto os primeiros descrevem estados de coisas e se sujeitam a um juízo de verificabilidade, os atos performativos são aqueles que realizam uma ação por meio do próprio ato de enunciação e, nessa medida, não se sujeitam a um juízo de verificação.

Austin ainda decompôs os atos de fala em três dimensões: uma locucionária, constituída pelos elementos linguísticos de uma frase; uma ilocucionária, que corresponde ao ato que se realiza na ação de enunciar; e uma última dimensão, perlocucionária, que assinala o efeito que o ato de fala terá em seu destinatário.

Ao retomar essa discussão, Giorgio Agamben apresentou a linguagem, o comando e o dispositivo sob um traço de união que os segrega e articula em uma relação de exceção em face das coisas, do ser e do vivente. É assim que os primeiros poderiam capturar os últimos na sua exterioridade (*ex-capere*) por meio de uma estrutura de exceção (*exceptio*), e comandá-los sem nenhum fundamento na ontologia.

Porém, essa representação só nos deixa pensar o direito como um dispositivo autorreferencial, recursivo e de captura; como uma linguagem baseada na mística da sua própria autoridade, que governa as coisas, o ser e o vivente. É assim que, para Agamben, o enigma da linguagem se converte em enigma do poder, e o enigma da produtividade do direito recebe uma solução negativa, na qual a exceção soberana e o poder tanatopolítico sobre o vivente se interceptam.

Agamben descreve o direito sob o ângulo privilegiado do poder e, consequentemente, bloqueia qualquer desenvolvimento possível do direito sob o ângulo da potência.[9] Eis o que nos coloca numa primeira dimensão do impasse: o enigma da produtividade do direito pode ser explicado por uma ontologia do comando, como quer Agamben? Ou a distinção entre as ontologias do comando e do ser não produziria

[9] Sob o ponto de vista da noção de biopolítica, Negri (2008) dirigiu a Agamben uma crítica similar.

precisamente um dualismo que, sem responder ao enigma da produtividade do direito, o manteria indecifrável?

[O comando e o performativo]

Ao reconstruir as arqueologias do juramento e do comando, Agamben retornou em duas ocasiões à teoria dos atos performativos de Austin, redescobrindo neles "uma espécie de enigma, como se filósofos e linguistas se confrontassem aqui com a sobrevivência de um estágio mágico da língua" (Agamben, 2011, p. 65).

Na sua leitura, os performativos representam "o resíduo de um estágio [...] no qual o nexo entre as palavras e as coisas não é do tipo semântico-denotativo, mas performativo, enquanto [...] o ato verbal efetiva o ser" (Agamben, 2011, p. 65). Logo reencontramos o que há pouco chamamos de *enigma da produtividade do direito*: "O que confere às palavras o poder de se transformarem em fatos?", pergunta-se Agamben (2013, p. 45).

Ao invés de ver aí um misto mágico-religioso mal analisado, Agamben afirma que o performativo denotaria "a sobrevivência de uma época em que a relação entre as palavras e as coisas não era apofântica, mas tomava a forma de um comando" (Agamben, 2013, p. 46). Além de explicar o "tornar-se fato" das palavras, o performativo manifestaria a intersecção entre as duas ontologias do Ocidente: a do ser, ou da asserção apofântica, expressa sob a forma indicativa; e a do "seja!", ou do comando, expressa sob a inflexão imperativa.

Essa explicação, no entanto, vai conhecer um desdobramento ulterior, no qual o direito, a linguagem e a esfera da técnica se entrelaçam. Agamben dirá que, nas sociedades contemporâneas, a ontologia do comando estaria em vias de suplantar a ontologia da asserção. Essa superação ocorreria não pelo predomínio dos imperativos, mas sob a forma insidiosa de um constante estímulo à cooperação dos cidadãos, dos quais se obteria obediência por meio de uma sutil exortação ao autocomando. Isso se tornaria evidente na esfera da técnica e dos dispositivos tecnológicos, que se definem "pelo fato de que o sujeito que os utiliza crê comandá-los [...], mas na realidade ele não faz mais que obedecer a um comando inscrito na estrutura mesma do dispositivo" (Agamben, 2013, p. 50).

Tomadas em conjunto, essas teses configuram uma relação autorreferencial, e de recursividade, entre comando e obediência. Mediada pela esfera da técnica, ela materializaria uma nova espécie de servidão voluntária capaz de mobilizar "o cidadão livre das sociedades democrático-tecnológicas" (Agamben, 2013, p. 50). Assim, a obediência se torna um efeito autocomandado e executável, internalizado pelos viventes, e distribuído de forma sutil pelo campo social através da esfera da técnica – e, mais amplamente, da tessitura dos dispositivos.

A superação do ser pelo comando se opera, para Agamben, na mediação de dispositivos que são "aquilo que e por meio do qual se realiza uma pura atividade de governo sem nenhum fundamento no ser" (Agamben, 2009, p. 38). Isso faz do dispositivo a categoria que, produzindo um sujeito resultante do seu corpo a corpo com os viventes, torna possível comandar o ser na ausência de qualquer relação fundamental com ele. Isto é, o comando governa o ser não com base na constituição ontológica do governado, mas com fundamento exclusivo no próprio comando que torna todo ente governável.

Assim, o comando é autorreferencial e recursivo. Ele incorpora o aspecto executável da relação de obediência autocomandada que víamos constituir os sujeitos capturados na esfera privilegiada das técnicas. Uma vez internalizado, o comando pode dispensar as formas duras, imperativas e heterônomas, e apresentar-se sob o modo de uma sutil obediência autoimposta, no limiar da simulação da autonomia. Como consequência, toda chance de autonomia se subsome e circunscreve às formas heterônomas e delicadas do autocomando.

Não é por acaso que Agamben apresenta a linguagem como "o mais antigo dos dispositivos" (Agamben, 2009, p. 41). Um comando só pode governar o ser na medida em que se mantém relativamente exterior a ele, ao mesmo tempo que o comando estabelece e conserva uma contínua relação (autorreferencial) consigo mesmo. É assim que a ontologia do comando toma o lugar da ontologia da asserção apofântica, e que um dispositivo exerce sobre o ser um governo sem nenhum fundamento na ontologia.

De forma simétrica, na teoria dos performativos, para que um enunciado possa gerar um ato eficaz por meio de sua enunciação, ele suspende e "substitui a relação denotativa entre palavra e coisa por uma relação autorreferencial que, excluindo a primeira, põe a si mesma como fato decisivo" (Agamben, 2011, p. 66). A capacidade de *pôr a si mesma como fato decisivo* remete, então, à propriedade aparentemente mágica da enunciação performativa, ao seu caráter autoexecutável.

Agamben encontrará aí um paralelismo entre os atos performativos e o estado de exceção: "Assim como, no estado de exceção, a lei suspende a própria aplicação unicamente para fundar, desse modo, a sua vigência, assim também, nos performativos, a linguagem suspende a sua denotação precisamente e apenas para fundar o seu nexo existentivo com as coisas" (Agamben, 2011, p. 66).

Esse paralelismo é de todo significativo. Nele, o performativo está para o estado de exceção assim como a autorreferencialidade da lei está para a da linguagem. E a lei só pode fundar sua vigência numa operação de exceção, ou de suspensão autorreferencial – exatamente como a linguagem, segundo Agamben, funda a relação entre as palavras e as coisas.

[Técnicas e capital]

Sigamos por um instante a trilha aberta por Agamben, sabendo que logo precisaremos tomar outro caminho. A superação de uma ontologia do ser por uma ontologia do comando assinala a perda do predomínio da linguagem apofântica em benefício não dos imperativos, mas da interiorização massiva e voluntária do autocomando por aqueles que Agamben diz serem cidadãos governáveis das democracias tecnológicas.

Vertiginosamente poderosa, essa tese concilia uma crítica demolidora das relações entre técnicas e capital que não poderia ser mais urgente. Em especial, porque denuncia os processos de subjetivação e dessubjetivação produzidos como efeitos das recombinações entre técnicas (e capturas), poderes e capital, que modulam a internalização do autocomando e seus efeitos globais de sujeição voluntária.

No entanto, é interessante notar como as arqueologias do juramento, do comando e do dispositivo configuraram *avant-la-lettre* um esquema de pensamento que se tornaria moeda corrente nas críticas ao neoliberalismo – especialmente, aquelas associadas à ascensão das tecnologias da informação e aos seus modelos de subjetividade.

Os exemplos mais estridentes dessa tripla denúncia seriam a multiplicação dos discursos sobre "a fábrica do sujeito neoliberal" (Dardot e Laval, 2016), a configuração do *homo digitalis* (Han, 2014), tão vazio e só, quanto hiperconectado, e a ascensão de um poder supostamente inédito de caráter psicopolítico (Han, 2018) que nasce com as redes. Aí, tudo se passa como se técnicas e capital reticulassem dispositivos abrangentes e inescapáveis de poder que atuam por meio das linguagens executáveis das tecnologias digitais e da produção incessante de subjetividades autocomadadas. Ao mesmo tempo, toda subjetivação é virtualmente absorvida pela generalização de processos calculados de sujeição.

Uma representação semelhante pode ser encontrada em uma recente linhagem de estudos das tecnologias digitais: o *capitalismo de vigilância*. O termo, consagrado pelo livro de Shoshana Zuboff (2021), designa a emergência de um campo de estudos das tecnologias digitais que, por um lado, denunciam a ingenuidade interessada dos pensadores tecnófilos e neoliberais e, por outro, descrevem as montagens, funcionamentos e efeitos deletérios da generalização dessas tecnologias.

Geralmente, essa literatura descreve a vigilância como efeito comum às estratégias de poder secretadas pelas inovações técnicas ancoradas em objetivos capitalistas. Tudo se passa como se a vigilância fosse o efeito colateral necessário, determinado por uma acumulação capitalista de novo tipo, baseada na economia extrativa e analítica de *big data*.

De meados dos anos 2000 para cá, esse novo modelo econômico focado em dados teria se beneficiado do crescimento exponencial da capacidade de processamento computacional, e se servido dos imensos silos proprietários de armazenagem de dados brutos para extrair valor econômico e informacional mobilizando redes neurais de aprendizado profundo (Pasquinelli, 2017). Um agenciamento sociotécnico entre redes de usuários, *big data* e *machine-learning* desenvolve-se em paralelo com modelos matemáticos probabilísticos, que subsidiarão algoritmos preditivos com capacidade para promover modelagens comportamentais, ultrapassando quaisquer fronteiras entre *online* e *offline*.

A inédita sujeição econômica de corpos sociotécnicos globais fará a literatura do capitalismo de vigilância concentrar-se na descrição crítica dos efeitos sociais, econômicos, políticos e estéticos deletérios que decorrem da ativação desses poderes computacionais monopolizados por *big techs*.

Os efeitos de poder que essa literatura apresenta são bastante abrangentes. Passam pela generalização de um novo tipo de economia atencional (Pettman, 2016); pela generalização de uma economia de captura e controle, concretizada em operações de extração, açambarcamento e governamentalidade de dados e comportamentos (Zuboff, 2021), os quais operam através da vigilância contínua e naturalizada; penetram dimensões sensíveis das vidas privada e pública, privatizando o bem-estar e ameaçando a democracia (Morozov, 2018); e isso, a pretexto do solucionismo de evitar fraudes, demitir servidores públicos ineficientes, selecionar candidatos a empregos ou devedores com bom *score* de crédito, escolher beneficiários de políticas sociais, otimizar o policiamento preventivo em *smart cities*, etc. (Bria e Morozov, 2019).

Todavia, os efeitos deletérios das tecnologias digitais também se devem a amplificações pontuais de estruturas sociais pré-formadas. Por exemplo, ao criarem sistemas de *red flags*, essas tecnologias generalizam para todo o corpo social o que alguns autores caracterizam como "uma lógica de controle carcerário a céu aberto" (Eubanks, 2018; Katz, 2020).

Na medida em que os algoritmos são mecanismos que repetem e apreendem o passado (O'Neil, 2020) – isto é, o imenso volume de dados que testemunham certa memória social compartilhada –, a generalização de uma economia e de uma forma de governo algorítmicos contribuiria para automatizar a desigualdade, aprofundar exclusões, consolidar vieses de gênero, raça, pobreza, criminalidade e amplificar desigualdades estruturais com efeitos ecológicos devastadores e impossíveis de visualizar em escala humana.[10]

É nesse sentido que Yarden Katz (2020) pôde afirmar que a Inteligência Artificial deve ser considerada a expressão ideológica e, ao mesmo tempo, a extensão eficaz do funcionamento de ordens sociais racializadas. Isto é, de configurações sociais lastreadas em formas estruturais capitalistas, colonialistas, racistas, misóginas, etc.

Em *Artificial whiteness*, ele afirma que a Inteligência Artificial e os algoritmos são dinâmicos e adaptáveis, mas apenas na medida em que emulam a adaptabilidade da própria branquitude como regime social racializado que precisou flexibilizar-se e sutilizar-se para permanecer hegemônico. As tecnologias digitais, soldadas às invariantes estruturais das sociedades, mudam e se adaptam apenas para que tudo continue o mesmo. São funcionalizadas por iterações sociais já dadas.

Em termos políticos, as saídas que essa literatura apresenta são tímidas. Na medida em que elas se ocupam de narrativas ultradescritivas, que produzem séries de diagramas locais do funcionamento dos poderes das técnicas, das suas

[10] Cf., neste aspecto, a descrição que James Bridle fez dos impactos ambientais das novas tecnologias, associados à noção de hiperobjetos, de Timothy Morton. Morton (2013) propôs que o aquecimento global fosse encarado como um hiperobjeto, algo que "nos cerca, nos envolve, nos emaranha, mas que é literalmente grande demais para se ver por completo" (Bridle, 2019, p. 86). Os hiperobjetos só seriam percebidos através da sua influência em outras coisas: macrocausalidades globais que secretam efeitos que só são sensíveis em um registro local.

relações com o capitalismo e de seus efeitos, sua política é tecnopessimista. Isto é, incapaz de propor algo além da visualização dos perigos e da urgência de um câmbio ético. Isso nos coloca, uma vez mais, diante de um paradoxo. Ao mesmo tempo que o câmbio ético é necessário e urgente, a saída proposta é geralmente negativa ou reiterativa de instituições existentes, quando não retrospectiva.

As apostas vão desde excluir imediatamente suas redes sociais (Lanier, 2018), passam por propostas de transparência algorítmica (O'Neil, 2020), pelas noções de custódia e responsabilidade despertadas pela antevisão dos perigos contaminadores das técnicas (Bridle, 2019), pelo direito ao santuário como um refúgio a ser mobilizado no contexto das democracias liberais (Zuboff, 2021), e atinge seu ápice na vaga aposta em uma "recusa gerativa" (Katz, 2020). Ao mesmo tempo, essas promessas ético-políticas de reversibilidade se chocam contra o *no future* neoliberal e o bloqueio dos possíveis no próprio impasse algorítmico que descrevem.

Apesar do irrecusável mérito que essa literatura tem em descrever uma multiplicidade complexa de níveis em que as técnicas contemporâneas de poder efetivamente se desdobram, ela também nos introduz em um beco sem saída político, em que o tecnocapitalismo se sustenta em sua autorreferência e recursividade sistêmicas enquanto preemptivamente reabsorve insurgências potenciais ao reinventar subjetivações submissas.

Assim, o neoliberalismo, as tecnologias e seus complementos de subjetividade formam um circuito de *feedback* e reiteração ininterruptos ao qual a literatura do capitalismo de vigilância não conseguiu até o momento escapar. Tudo se resolve no vazio de um efeito panóptico generalizado em que "se chega a uma unificação da comunicação, ou à repetição do mesmo" (Han, 2014, p. 37). Ponto em que a máquina digital e a máquina do capital "constituem uma terrível aliança que aniquila a liberdade de ação" (Han, 2014, p. 56) ao gerar uma protocolização geral da vida.

[Direito e algoritmos]

A protocolização geral da vida vai chegar ao direito sob a forma de uma analogia fraca, mas persistente e difusa, entre direito e algoritmos. Ela consiste em representar o direito como lei, e a lei como um código de programação social. Por outro lado, ela consegue imaginar os algoritmos como leis escritas em código de programação executável.

Embora fraca, essa analogia reconhece a ocorrência de uma transformação nos sistemas legais computacionais que é paralela à emergência de uma cultura algorítmica (Finn, 2017) mais geral: "A maior parte das leis e regulamentos são apenas algoritmos que organizações humanas executam, mas agora, algoritmos jurídicos estão começando a ser executados por computadores como uma extensão das burocracias humanas" (Pentland, 2020).

Isso equivale à transformação mais abrangente identificada por Luciana Parisi (2013, ix), e que consiste no fato de que os algoritmos "já não são instruções a serem executadas, mas entidades executantes". Então, o que a analogia fraca entre leis (algoritmos sociais) e algoritmos (leis escritas em linguagem de programação) oculta é uma analogia mais forte entre o direito – de resto, irredutível às leis e regulamentos – e os algoritmos. Isso torna plausível que busquemos aí afinidades e assimetrias a partir de uma analogia operatória, e não substancial.

Essa analogia forte, porque maquínica, remonta a uma discussão de meados dos anos 2000, em que as afinidades e diferenças entre código, direito e performativos se recombinavam. A analogia entre código e lei, entre algoritmos e direito, devia-se à pretensão de identificá-los através de um modo de funcionamento comum, compartilhado entre o performativo e o executável. Assim, tanto o direito quanto os algoritmos funcionariam como *performing entities* (entidades executantes) de axiomáticas incompletas.

No entanto, esse aparente ponto de contato entre código computacional e performativo linguístico só se sustenta até certo ponto. Em um texto seminal, Alexander Galloway talvez tenha sido o primeiro a introduzir certa distância entre a executabilidade do código computacional e a performatividade da linguagem comum. Dizer que "o código é a única linguagem executável" (Galloway, 2004, p. 192) significa reconhecer que, apesar das semelhanças, não se podem confundir os performativos do código e os da linguagem ordinária.

Um ano mais tarde, N. Katherine Hayles afirmaria o mesmo: "O código que funciona em uma máquina é performativo em um sentido muito mais forte do que o atribuído à linguagem" (Hayles, 2005, p. 50). Enquanto o código altera o funcionamento efetivo da máquina em que ele opera, as ações que a linguagem ordinária performa aconteceriam, segundo Hayles, exclusivamente em mentes humanas.

Porém, o que se quer dizer quando se afirma que o código de programação é a única linguagem realmente executável? Que ele se particulariza em relação aos performativos da linguagem ordinária porque produz *transformações lógico-reais* (Alizart, 2017), maquínicas e corporais.

No ponto em que a performance das linguagens executáveis excede o caráter executável dos atos performativos da linguagem *tout court*, voltamos a tocar – especificamente no plano das técnicas – o enigma da produtividade que é comum à linguagem e ao direito. *Como se passa das palavras às coisas, e dos enunciados aos corpos? Como se passa da linguagem de código à performance maquínica?* Talvez precisemos colar os ouvidos às máquinas – você as escuta dizendo "dê um fim ao performativo"?

[Para dar um fim ao performativo]

Em *On sourcery, or code as fetish*, Wendy Chun parece ter dado a palavra final sobre o caráter performativo dos códigos de programação. Seu argumento é o de que o código não pode ser considerado a fonte de qualquer atuação. Ao admitir que os códigos são autoexecutáveis e, portanto, performam transformações maquínicas ou corporais – a exemplo do que Galloway ou Hayles afirmaram –, trataríamos o *source-code* (código-fonte) como feitiço e fetiche – noção que Chun recombina no neologismo *sourcery*, ao rememorar que a palavra "fetiche" origina-se etimologicamente de *fetisso*, feitiço (Chun, 2008, p. 310).

Para ela, atribuir performatividade ao código, fazer dele a única linguagem automática, implicaria confundir tecnicamente o código-fonte com a sua versão executável, e ocultar o processo de execução real (Chun, 2008, p. 305).

Isso é incorrer em um erro técnico e ontogenético que atribui a uma linguagem o dom mágico-religioso da performance executiva. Ao mesmo tempo, investe os programadores da opaca e poderosa condição de magos ou de sacerdotes. Em boa verdade, a efetividade do código não reside em sua linguagem, mas "em rituais humanos e maquínicos" (Chun, 2008, p. 311) que a tornam executável.

É nisso que consiste o processo que é apagado e subtraído quando os códigos, os *softwares* ou os algoritmos são explicados pela performatividade. Oculta-se todo um agenciamento de montagens e funcionamentos prévios que fornecem as condições para que um código possa ser fonte. Toda uma espessura sociomaterial, relacional, entre componentes e agentes, é a condição para o "tornar-se fonte" do código.

É aqui que precisamos dar um fim ao performativo, abandonando o caráter necessariamente linguístico da performatividade. Em primeiro lugar, porque reconhecemos que "*o código-fonte apenas torna-se fonte após o fato*" (Chun, 2008, p. 305). Ou seja, o código é mais *re-source* (recurso) do que *source* (fonte), porque seu funcionamento executável depende da montagem prévia ou concomitante de agenciamentos. Em segundo lugar, ao nos darmos conta de que "É possível criar algoritmos usando *hardware*" (Chun, 2008, p. 305). Isso nos envia a um conjunto de pressupostos não linguísticos, mas sociomateriais, de toda linguagem que nos parece autoexecutável.

Se isso não assinala a completa prescindibilidade da linguagem, ao menos exibe o caráter essencial dos "rituais maquínicos e humanos" que configuram agenciamentos técnicos e sociomateriais. Estamos mais próximos do que Gilbert Simondon chamou de *individuação técnica,* para a qual "o meio associado existe como condição *sine qua non* de funcionamento" (Simondon, 2020b, p. 111).

É esse processo real e complexo, cognitivo e material, técnico e social, mobilizador da cooperação e de condições infraestruturais e geológicas, que é apagado pelo recurso explicativo mágico que faz do "automatismo linguístico" a natureza última dos códigos, *softwares* e algoritmos.

Trata-se de processos que mobilizam meios que não são apenas "extensões do homem" (McLuhan, 2011), mas também "extensões da terra" (Parikka, 2015). Processos que reticulam palavras, coisas e corpos ao promover as articulações vetoriais de multiplicidades de culturas digitais (Terranova, 2022) que se constituem por bifurcação ao deslizar continuamente, em todos os sentidos do globo (e para além dele, siderando-o), sobre dois limites coextensivos: o do hiperdesenvolvimento técnico, por um lado, e o das técnicas sub-remuneradas e comoditizadas, por outro.

Mas o que existiria de comum entre códigos, algoritmos e o direito senão o fato de poderem ser classificados entre as "técnicas de linguagens executáveis"? E o que eles partilhariam se as técnicas computacionais demonstram que linguagens executáveis por si mesmas não existem?

Da mesma maneira que os códigos e algoritmos não são linguagens executáveis – mas dependem de montagens de condições exteriores associadas para se tornarem executáveis –, talvez devamos admitir que o direito tampouco pode ser explicado completamente pelo performativo. Assim como os algoritmos só são executáveis quando "incorporados a agenciamentos sociomateriais" (Introna, 2013, p. 07), talvez encontremos uma exigência parecida no direito.

["equivalentes de atos jurídicos"]

Nenhuma das versões que a filosofia do direito de Deleuze conheceu na literatura secundária deu, até agora, maior importância às palavras de ordem. Elas não figuram nem como um conceito, nem como uma teoria. A fim de reparar esse silêncio, e reivindicar seu lugar na filosofia do direito de Deleuze, gostaria de propor que a noção deleuziana de direito se beneficia de *uma teoria das palavras de ordem* que emerge no platô que ele e Guattari dedicam aos postulados da linguística.

As palavras de ordem desafiam o caráter comunicativo, informativo, autorreferente, universal e constante da linguagem. Naquele platô, Deleuze e Guattari confrontam uma série de problemas que já se encontravam dispersos no seu *Kafka*, ao redor da questão genuinamente política e coletiva de uma literatura menor.

É também em Kafka que se insinua uma multiplicidade de questões que serão retomadas e ampliadas em *Mil platôs*: as relações entre conteúdo e expressão, dos devires-animais, dos agenciamentos maquínicos e de enunciação coletiva, das minorias e do menor, do processo e do desejo, da proliferação das séries e do que virá a ser a análise segmentar. Essa é a densa nuvem problemática que envolve sua teoria das palavras de ordem, na qual linguagem, performativo, poder e direito se interceptam. E é nesse segmento que Deleuze e Guattari tocaram *o enigma da produtividade do direito*.

Há pelo menos quatro proposições da linguística dos anos 1960-1970 que Deleuze e Guattari desafiam. A primeira afirma que a linguagem serve para informar e comunicar; a segunda, que a linguagem é um sistema autorreferente, fechado a todo fator extrínseco; a terceira, que uma língua se definiria como um sistema de constantes ou de universais; a quarta, e última, que essas constantes permitiriam discernir uma língua maior, ou padrão, que condicionaria o estudo científico de uma língua. Essa representação da linguagem e da língua assinalaria, então, um "privilégio da expressão sobre o conteúdo, da linguagem sobre os corpos" (Krtolica, 2015, p. 93).

No entanto, esse privilégio só pode ser assegurado por uma dupla condição. Por um lado, deve haver algo que garanta a correspondência entre duas séries independentes – as palavras e as coisas, o comando e o ser – para dizê-lo como Agamben. Por outro, esse *algo* que cola palavras e coisas, comandos e seres, planos da expressão e do conteúdo contém e oculta uma resposta para a relação enigmática que ele dissimula.

Para superá-lo, Deleuze e Guattari invertem a relação entre informação, comunicação e linguagem. Não é a linguagem que informa ou comunica, mas a informação ou a comunicação que se estruturam sobre a imposição de coordenadas semióticas que definem uma ordem compartilhada da linguagem.

Assim, a linguagem não se constitui como um sistema de redundância em si e para si, mas exige uma série de pressupostos implícitos e não discursivos como condições que dirigem os processos plurais que se axiomatizam nos processos de tomada de forma na língua.

Isso faz de todo enunciado uma palavra de ordem. Isto é, um componente de expressão que remete a componentes de conteúdo, não sob a forma de uma relação denotativa (palavras que designam coisas), mas como índices das condições sociomateriais da enunciação (estados de coisas organizados que atribuem sentido aos enunciados): "a ordem se apoia sempre, e desde o início, em ordens, por isso é redundância" (Deleuze e Guattari, 1995b, p. 11). Ao mesmo tempo, a unidade elementar da linguagem passa a ser a palavra de ordem, e "a linguagem é a transmissão da palavra funcionando como palavra de ordem, e não comunicação de um signo como informação" (Deleuze e Guattari, 1995b, p. 14).

Nesse contexto, a teoria dos atos performativos de Austin (1962) é revisitada a partir do Oswald Ducrot (1972), de *Dire et ne pas dire*. Sob essa nova luz, os performativos já não se explicam pelas relações extrínsecas entre fala e ação – presentes tanto nas formas indicativas (a asserção apofântica) quanto nas formas imperativas (o comando). Eles remetem a relações intrínsecas entre falas e ações que se realizam na medida em que os enunciados são pronunciados.

São esses atos interiores, imanentes à fala, que Ducrot chamou de pressupostos implícitos ou não discursivos. O que as relações intrínsecas entre fala e ação mostram é que o performativo está longe de ser uma linguagem autoexecutável. Toda performatividade depende de pressupostos não-linguísticos aos quais seus efeitos agentes estão associados.

Isso quer dizer que sua dimensão ilocutória (relacionada aos efeitos de ação produzidos por um ato de fala) só pode explicar-se "por agenciamentos coletivos de enunciação, por atos jurídicos, equivalentes de atos jurídicos, que coordenam os processos de subjetivação, ou as atribuições de sujeitos na língua [...]" (Deleuze e Guattari, 1995b, p. 16).

As palavras de ordem, então, não são tipos específicos de enunciados, mas um tipo de relação entre um enunciado qualquer e seus pressupostos implícitos ou não discursivos – que Deleuze e Guattari chamam de agenciamentos coletivos de enunciação, "equivalentes de atos jurídicos".

É na teoria dos atos de fala que Deleuze e Guattari tocam o enigma da produtividade do direito, ao afirmarem contraintuitivamente que as ações "realizadas" por falas não se explicam pelo performativo. As relações imanentes entre expressão e conteúdo constituem um efeito de sentido, exigem uma exterioridade para a linguagem que cria a sua redundância e, no caso dos performativos, colocam em paralelo os planos da expressão e do conteúdo.

Por isso, o performativo designa uma relação circular que não explica nada, mas exige uma explicação. E ele só pode ser explicado pelas palavras de ordem, configuradas por agenciamentos coletivos de enunciação, equivalentes de atos jurídicos. Assim, não é o performativo que explica o direito como uma linguagem. São os equivalentes de atos jurídicos, que supõem montagens de agenciamentos coletivos de enunciação, aqueles que permitem ilustrar e explicar como os performativos podem operar na linguagem e nos corpos.

Consequentemente, já não se podem reduzir as palavras de ordem ao modo imperativo ou ao comando. Elas remetem, mais do que a isso, "a todos os atos que estão ligados aos enunciados por uma 'obrigação social'" (Deleuze e Guattari, 1995b, p. 16). Isto é, o performativo remete a um agenciamento jurídico que, no fundo, remete a um agenciamento coletivo de expressão que se processa no campo social. Por isso, a linguagem não pode ser definida senão "pelo conjunto de palavras de ordem [...] que percorrem uma língua em um dado momento" (Deleuze e Guattari, 1995b, p. 16).

O que explica a redundância entre expressão e conteúdo, palavra e coisa, fala e ação é a palavra de ordem. Mas a palavra de ordem sempre remete a agenciamentos coletivos impessoais, ou jurídicos, em que se operam as relações de significância que percorrem um campo social determinado, como suas variáveis.

Esse é o registro transindividual em que as atribuições de subjetividade no contexto do agenciamento coletivo impessoal se processam nos termos de um discurso livre indireto: "Não é a distinção dos sujeitos que explica o discurso indireto;

é o agenciamento, tal como surge livremente nesses discursos, que explica todas as vozes presentes numa voz [...]" (Deleuze e Guattari, 1995b, p. 18).

Não é por acaso que o direito e os atos jurídicos aparecem misturados a uma teoria das palavras de ordem, e isso deveria bastar para assegurar às palavras de ordem o estatuto de um conceito central à filosofia do direito de Deleuze-Guattari. O ilocutório, os pressupostos implícitos e não discursivos nos deixam ver que paramos a análise cedo demais quando nos contentamos em explicar as relações eficazes entre palavras e coisas recorrendo à categoria do performativo, ainda que elas estejam imantadas por arqueologias da metafísica.

Isso também é válido na esfera das técnicas. Ao tentar explicar a relação entre palavras e coisas por meio dos performativos, reencontramos o problema que Wendy Chun identificava no tratamento do código de programação como fonte ou linguagem executável. Essa explicação é, em si mesma, um fetiche e um feitiço. Um ato mágico pelo qual uma palavra *diz* a transformação que precisamos explicar ("performativo", "executável") e oculta um processo complexo que permanece intocado, ignorado e subtraído.

Quando N. Katherine Hayles distingue a performatividade dos códigos de programação da performatividade da linguagem ordinária, dizendo que a primeira produz transformações maquínicas, enquanto a última só se produz "em mentes humanas", perde de vista o essencial. Porque se apoia em agenciamentos concretos, toda linguagem pode produzir transformações maquínicas – ocorre que nem toda transformação maquínica se equivale.

Por exemplo, um ato jurídico promove transformações incorporais que só produzem sentido no contexto de uma formação social determinada. E é nos termos dos agenciamentos coletivos que a definem que transformações incorporais podem ser atribuídas aos corpos dessa sociedade.

Por um lado, essas transformações estão lastreadas em agenciamentos tecnossociais, institucionais e jurídicos reais. Eles não são puros eventos mentais, mas um *mélange* de montagens cognitivas, tecnossociais e materiais heterogêneas. Por outro, um enunciado jurídico (uma condenação penal, ou a declaração de um matrimônio, *e.g.*) produz alterações efetivas no estado dos indivíduos e das relações interindividuais de que participam. Alteram, ainda que localmente, os protocolos de funcionamento de determinados corpos e relações concretas. Seria preciso reconhecer que há diferenças entre os vários tipos de exequibilidade, e que elas correspondem à "natureza das condições constitutivas de tal execução" (Introna, 2016, p. 10).

O mal-entendido que há em intercambiar linguagem de programação e linguagem do direito não reside no grau ou na natureza de exequibilidade que essas linguagens efetuam. Está nos diferentes tipos de agenciamentos que constituem as condições sociomateriais para a sua operação. Então, a analogia em sentido forte que pode existir entre algoritmos e direito não está no compartilhamento de uma linguagem de código, ou no seu caráter performativo, mas no fato de que ambos dependem de agenciamentos tecnossociais concretos para funcionar.

[Uma matéria mais ardente do que os corpos e as palavras]

Existe uma razão pela qual Ducrot explica a natureza do ato ilocutório por meio dos atos jurídicos. Esses atos produzem transformações incorporais atribuíveis aos corpos nos termos de um agenciamento social determinado do qual os corpos participam. Não são os atos performativos que explicam os atos jurídicos, mas as operações do direito que tornam visíveis as operações que os truques do performativo escondem: toda uma *jurisprudência dos corpos*, um regime de trocas entre material e imaterial, conteúdo e expressão, linguagem e políticas do campo social.

Isso deixa claro em que sentido as palavras de ordem são uma categoria central da filosofia do direito deleuzo-guattariana, e intensificam sua relação necessária com os agenciamentos coletivos maquínicos e de enunciação. Em Deleuze-Guattari, a filosofia do direito aparece imediatamente como uma filosofia do campo social. Nos termos dos agenciamentos coletivos reais e de enunciação é que atos de fala podem atribuir transformações incorporais aos corpos.

O que o performativo não permite ver – mas os agenciamentos jurídicos escancaram –, são os múltiplos acontecimentos que atribuem efeitos incorporais aos corpos e sujeitos no direito. O que os agenciamentos jurídicos pressupõem e exprimem são agenciamentos coletivos que mobilizam relações de redundância, sempre variáveis e alvejadas por acontecimentos (Deleuze, 2007) no plano conteúdo-expressão.

Os agenciamentos jurídicos têm a consistência de agenciamentos coletivos de enunciação em um sentido muito preciso. Suas palavras de ordem não são um mero efeito de linguagem. Ao revés, a linguagem que emana deles é que constitui um efeito das palavras de ordem que os agenciamentos concretos põem em circulação.

Neles, conteúdo e expressão remetem a duas formalizações independentes e heterogêneas, que não admitem paralelismo, e são colocadas em contato, ou em série, por relações de redundância que remetem ao próprio agenciamento (Deleuze e Guattari, 1995b). Conteúdo e expressão são, portanto, variáveis que se relacionam num determinado modo, configurando um regime de signos.

Isso nos faz perceber que *o enigma da produtividade do direito* não passa de um falso problema. Nunca passamos das palavras às coisas, dos enunciados aos corpos, dos códigos aos entes executáveis, senão por um truque de mágica que disfarça a complexidade da operação concreta, lança fumaça em nossos olhos e nos faz gritar: "o comando!", "os algoritmos!", "os performativos!".

Se é possível ter a impressão mágica de passar das palavras às coisas é porque as operações do direito são máquinas sociotécnicas de produzir efeitos incorpóreos que derivam de palavras de ordem, as quais tomam forma em contato com agenciamentos concretos, e sob a lógica incorporal do acontecimento. Os corpos integram os agenciamentos coletivos de expressão e conteúdo, e é aí que se pode atribuir aos corpos efeitos incorporais e de sentido.

Se se pode dizer que "o acontecimento é o próprio sentido" (Deleuze, 2007, p. 23), é porque tocamos as condições transcendentais em que a proposição se desenvolve. Assim como o sentido "volta uma face para as coisas, uma face para as proposições" (Deleuze, 2007, p. 23), e se bifurca entre as dimensões *de facto* e *de jure*, do conteúdo e da expressão, também as palavras de ordem contêm ambiguidades políticas interessantes.

Produzidas no interior de agenciamentos que se definem como sistemas de variação contínua, como os das técnicas dos controles, as palavras de ordem não podem se esgotar em uma relação determinada entre linguagem e diagrama de poder. Por isso, Deleuze e Guatarri (1995b, p. 54) dizem que "a palavra de ordem tem dois tons". Por um lado, sentença de morte. Por outro, fuga.

Como sentença de morte, elas mobilizam componentes de conteúdo que dão "contornos nítidos às misturas de corpos", enquanto "os elementos de expressão darão um poder de sentença ou de julgamento aos expressos não-corpóreos" (Deleuze e Guattari, 1995b, p. 56). Assim, cada termo e cada conceito operado no direito que conhecemos constitui contornos nítidos recortados entre misturas de corpos que habilitam a julgar e produzir relações com sistemas de constantes majoritárias derivadas de agenciamentos sociais.

A fuga, por outro lado, é a passagem ao limite da sentença de morte. A operação que desterritorializa o par expressão-conteúdo ao ponto de torná-los indiscerníveis e distribuídos em um mesmo plano de consistência. Para tanto, é preciso fazer as variáveis entrarem em um novo estado, de variação contínua, que libere a "potência material dessa língua. Uma matéria mais imediata, mais fluida e mais ardente do que os corpos e as palavras" (Deleuze e Guattari, 1995b, p. 56).

Eis o que pode ocorrer nos usos revolucionários da jurisprudência, nos usos subversivos da axiomática, que extraem efeitos existentivos e políticos de constantes jurisprudenciais em situações jurídicas que evoluem. Duas formas de colocar as palavras de ordem em variação contínua. Dois jeitos de fazer "usos políticos do direito" (Sutter, 2009).

Nesses casos, já não é preciso – e nem mesmo há como – escapar da palavra de ordem. Basta fugir da sentença de morte que ela contém. Basta uma pragmática política que trabalhe o direito (e sua língua) de dentro para fora. Com sorte, curvar, dobrar, retorcer todo o agenciamento social ao fazer uma palavra de ordem passar de um polo ao outro. Do julgar (a sentença de morte) ao fazer existir (a potência material da língua).

Escapar à sentença de morte na fuga, e aos usos axiomáticos do direito nas dobras revolucionárias, ou subversivas, dos grupos de usuários. Promover perturbações mínimas, insensíveis, nas axiomáticas incompletas das sociedades de controle e no *nómos* da informação e da comunicação. Interromper para tomar. Tomar para modular.

O enigma da produtividade do direito tem a função política de arruinar e manter fechado todo acesso aos seus pressupostos implícitos e não discursivos. Quando grupos de usuários produzem a variação contínua nas operações jurisprudenciais é que começamos a passar das palavras às coisas, e do direito à política.

JURISPRUDÊNCIA E CAMPO SOCIAL

[Entre as resistências e as fugas]

Em um texto já clássico, Bruno Latour (2007) assinalava que a noção do social atravessa uma crise, a qual se expressa como uma diluição geral de seus sentidos. O social seria algo que está em toda parte ao mesmo tempo, em nenhum lugar. Esse diagnóstico, no entanto, não levou Latour a negar as soluções consagradas ou as categorias disciplinares. Pelo contrário, deu espaço à exigência de localizá-las em horizontes mais amplos de pesquisa do social.

Esses horizontes não apenas abrem brechas para um novo paradigma nas ciências sociais (Tonkonoff, 2017), mas provocam um retorno às questões genealógicas do social. Aliás, "social" é um termo que, quando interpretado pela monadologia de Gabriel Tarde, passa a designar uma qualidade própria à realidade de associações quaisquer, cujo aspecto elementar é a diferença: "[...] a diferença é, em certo sentido, o lado substancial das coisas, o que elas têm ao mesmo tempo de mais próprio e de mais comum", escreve Tarde (2007, p. 98).

Se retivermos o ponto de vista tardiano, Foucault e Deleuze podem ser lidos como dois cartógrafos do social, que oferecem duas maneiras de captar a diferença como dado elementar da realidade. Por um lado, Foucault desenha as linhas que definem uma formação social qualquer. Ele trabalha com a metade atualizada das sociedades, suas estratégias e seus dispositivos, e registra as práticas de resistência às operações de poder.

Por outro, Deleuze define as sociedades como campos constituídos por devires e variações contínuas, que presidem tanto os poderes quanto as resistências. Ou seja, ao definir as sociedades por suas linhas de fuga, Deleuze enfatiza a metade virtual do fenômeno – suas linhas de criatividade e suas constelações de possíveis. Em Foucault e em Deleuze, trata-se de um mesmo problema abordado por dois ângulos inversos, ora complementares, ora conjugáveis em regime de sobreposição.

Por volta de 1977, Foucault se encontrava diante de um impasse. Em *Vigiar e punir*, assim como em *A vida dos homens infames*, o poder surgia para ele como uma energia informe que se distribuía e circulava por todo o campo social. A sociedade lhe parecia uma trama cerrada de dispositivos de poder, que passava indistintamente pelos corpos e pelos dispositivos, em blocos de relações tática e estrategicamente variáveis.

Nessa perspectiva, o conceito de poder possui uma capacidade analítica sem precedentes, pois é liberado das descrições clássicas estatistas e negativas. Estamos diante de um poder que não tem matéria, mas circula em rede, como uma carga elétrica, uma energia informe. Um poder cuja ontologia (se é que se pode falar de poder em termos ontológicos) é intersticial e variável. Sua etiologia é externa e micrológica, e seus efeitos são constitutivos, positivos, fabris. Os poderes são relações de forças postas em relação, formando blocos de relações.

Vigiar e punir, livro de 1975, descreveu o poder como uma relação capaz de ativar e desativar agregados de forças. Alguns anos mais tarde, ao analisar fenômenos de grande escala (governos, Estados, mecanismos de segurança, biopoder, etc.), Foucault os descreverá como efeitos de conjunto de relações microfísicas ou como grandes funcionamentos sustentados por essas relações.

Na extremidade dessa descoberta, o impasse de Foucault é o seguinte: se as sociedades (especialmente as disciplinares) são definidas como arquiteturas, com base em sua trama cerrada de dispositivos, de que maneira podemos resistir? Especialmente, se as resistências são atos interiores às relações de poder, e já não podem neutralizá-lo, mas apenas alterar sua configuração estratégica ou tática? Esses são os termos nos quais Deleuze (2016) percebia o impasse de Foucault, que parecia aprisionado na dimensão do poder.

O ano de 1979 será aquele em que Foucault (2001) escreve *É inútil revoltar-se?* Talvez seja possível encontrar ali um indício dos traços positivos nos quais esse impasse se atualizaria como um novo e poderoso problema.

A questão de Foucault não era tanto o impasse no qual os poderes o haviam metido, mas a necessidade de compreender como ainda era possível se rebelar diante da dispersão de tantos dispositivos de poder constitutivos do próprio funcionamento do social. Questão que, a seu modo, antecipa o impasse político da era dos controles e das modulações que nosso século veio a conhecer. Portanto, o que Deleuze interpretava como uma dificuldade em cruzar a linha do poder encobria os traços positivos de um enigma por vir: o enigma da revolta. É ele que parece conduzir ao último Foucault.

Um ano antes, em *Segurança, território, população*, Foucault (2008) descrevia o poder pastoral e uma série de contracondutas a partir da ambiguidade da noção de conduta, que significa tanto "deixar-se conduzir" quanto o ato de "conduzir-se" a si mesmo. Isso lhe permitiu contrapor ao dispositivo do poder pastoral uma série de práticas que ele chamou de "revoltas de conduta", incluindo as práticas de ascese. A pergunta permanece a mesma de *É inútil revoltar-se*? O que faz alguém se rebelar diante de uma trama de dispositivos, e apesar dela?

É curioso que o último Foucault seja comumente chamado de "ético". De fato, é o caso, mas este é também o mais político de todos os Foucaults. É também curioso afirmar que o governo poderia ser o conceito redentor da análise foucaultiana (Ortega, 1999), quando – embora mantenha uma relação estreita com essa noção – a sublevação e a revolta parecem conter todos os traços enigmáticos, e ao mesmo tempo positivos e libertadores, para desempenhar tal função em seu *corpus* teórico.

O que o último Foucault descobre não é apenas a dimensão ética da vida grega, mas junto dela, o laço indissociável entre revoltas de conduta, práticas de si e a constituição de novas formas de vida como modos da revolta. Tudo sob o signo das contracondutas como práticas efetivas de resistência. A resposta que corresponde a todo o enigma da revolta são as práticas que estabelecem uma relação consigo mesmas.

Diante da exterioridade das relações de poder, a força mais exterior de todas é aquela que se produz como relação consigo mesmo, e que impede ou torna contingente o governo pelos outros. Nesses termos, Foucault pode afirmar a primazia da resistência sobre os dispositivos de poder, pois a autoafecção da força pelo *si* mesmo da própria força constitui a liberdade e a autonomia como dados primários. O *eu* não passa de um começo. Por isso, veremos as revoltas de conduta e seus modos serem mobilizados em circuitos de intersubjetividade política cada vez mais vastos em sua obra tardia.

Entre as anotações jamais lidas no Collège de France, o tempo preservou uma das chaves do último Foucault (2008, p. 287): "[...] tudo é político. [...] a política é o que nasce com a resistência à governamentalidade, a primeira sublevação, o primeiro enfrentamento". Isso nos faz pensar que mais essencial do que a noção de dispositivo para a definição do social em Foucault, são os atos de sublevação e resistência, as conversões de olhares, as práticas de si, as formas de vida imaginadas como modos da revolta e da relação consigo.

Deleuze, por sua vez, pensa a sociedade a partir de uma tensão permanente entre o campo social e as formações sociais. Por um lado, o campo social é definido pelas linhas de fuga e criatividade. Por outro, as formações sociais são composições estabilizadas das primeiras, o que origina estratos molares e linhas flexíveis ou moleculares. As formações sociais são descritas como respostas atualizadas para problemas que só podem ser propostos pelas primeiras, e sob os fluxos intensivos do virtual.

Assim, enquanto o problema de Foucault é "como resistir?", e sua surpresa é perceber que "apesar de tudo, e à nossa maneira, continuamos "resistindo!", o problema de Deleuze é mais obscuro. Como prolongar as linhas de fuga entre os estratos mais duros e ainda evitar que a linha de fuga se converta em uma linha de abolição completa, como no caso dos microfascismos ou do fascismo de Estado? Na verdade, não se trata de resistir ao que quer que seja – noção possivelmente reativa –, mas de fazer com que os fluxos passem com prudência e cautela, desdobrando a ética de fazer existir o múltiplo. Isso é um gesto político que diz respeito a uma composição de estratos, linhas e movimentos de desterritorialização ou fugas.

O social é definido mais como um campo de imanência entre os múltiplos fatores que o constituem do que nos termos históricos determinados de uma formação social. A criatividade e a desterritorialização que definem um campo social não cessam de colocar os problemas aos quais os estratos e formações sociais terão de reagir.

Essa é a razão pela qual Deleuze tende a descrever efeitos repressivos nos dispositivos de poder, porque eles esmagam os agenciamentos coletivos de desejo, as pontas de desterritorialização e sua potência heterogênea de agenciamento com as vastas constelações de possíveis sociais. Enquanto em Foucault a prioridade é a das resistências em relação ao poder, em Deleuze a primazia é do desejo concebido como processo impessoal e "acontecimental de conexão entre fatores heterogêneos.

Nessa perspectiva, os dispositivos de poder não passam de efeitos do desejo concebido como processo cósmico, biológico, político e social. Não é por acaso que encontramos em *O Anti-Édipo* o princípio segundo o qual "tudo é social", e que coincide com a difusão generalizada diagnosticada por Latour e, muito antes, infundida por Tarde (2007) nas ciências em geral. Não era esse o destino monadológico de todas as ciências, tornarem-se ciências sociais?

Foucault e Deleuze oferecem ferramentas para investigar as práticas de rebelião e os enigmas das revoltas, as estratégias de resistência, bem como a fluidez fugidia que define o campo social em contraposição ao *socius*. No encontro transversal entre Foucault e Deleuze, o social pode ser redefinido como os vínculos múltiplos e variáveis que conectam as resistências atuais aos dispositivos de poder, arrastando o conjunto das determinações históricas coletivas, por um lado, e as fugas virtuais diante dos bloqueios das formações sociais, por outro.

Esse duplo vínculo que configura o social como um campo relacional entre as resistências e as fugas é a condição sem a qual não se pode abordar o direito de outra maneira. De algum modo, ele já parece supor uma *jurisprudência dos corpos*. Afinal, o enigma da revolta, faceta positiva das resistências, e a vertigem turbilhonar que anima o diagrama do *socius*, corpo do social em movimento, testemunham que "as linhas de fuga são as determinações primeiras", que "o desejo agencia o campo social" (Deleuze, 2016, p. 133).

É isso o que nos leva a repensar o direito nos termos de Deleuze, assim como as próprias condicionantes do vínculo entre "Deleuze e o direito". Talvez, o que dissemos sobre o campo social já nos deixe entrever de que maneira a jurisprudência poderia vir a ser uma prática social de liberdade, um agenciamento coletivo de desejo – embora pensá-lo ainda exija uma imensa desmontagem.

[O que é a jurisprudência?]

Uma imagem clássica do pensamento define a jurisprudência como um conjunto de decisões tomadas por comitês de especialistas, os juízes, ou formadas ao longo do tempo por seu hábito decisório. Segundo ela, a jurisprudência equivale ora a uma coleção de decisões judiciárias, ora a um hábito institucional incorporado.

Duas acepções que procedem, seja do uso técnico-jurídico da expressão em países de tradição romano-germânica (Kelsen, 2011; Bobbio, 2010), seja da narrativa institucional de sua prática mais ou menos coerente (Dworkin, 2014) em sistemas de direito consuetudinário; seja, por fim, à sua acepção sociológica (Latour, 2002a) mais prosaica.

Se nos restringirmos a essa imagem clássica do conceito, a qual deriva de pressupostos compartilhados entre a ciência do direito, a experiência dos tribunais e a teoria social mais tradicional, obteremos uma resposta prática e realista à questão "O que é a jurisprudência?". "A jurisprudência é aquilo que os juízes fazem."

A jurisprudência seria definida, por um lado, como o efeito de uma série de hábitos decisórios institucionalizados e agrupados em unidades formais, lógicas ou de sentido. Por outro, seria conceituada como um conjunto de decisões que calcificam esses hábitos em tendências prospectivas de interpretação e decisão que, embora não sejam sempre unívocas, promovem uma acomodação isomórfica constante, e tendem a um equilíbrio geral, de tipo homeostático (Latour, 202a).

Tão essencial a essa definição de jurisprudência como coleção de decisões, casos decididos ou arestos, ou quanto o "imenso capital de experiências que resultam em um texto" (Latour, 2002a, p. 58), são os atores que os operam e conformam, os juízes. O pressuposto para que séries mais ou menos homogêneas de decisões possam ser conjugadas em uma coleção de casos decididos a ser selada como "jurisprudência", é que elas tenham sido compostas por atores institucionalizados, por "comitês de sábios" (Deleuze, 2008, p. 210). Especialistas em uma determinada técnica social, reconhecidos como portadores e práticos de um certo saber capaz de exprimir-se como poder.

A assinatura judicante, a aposição da marca do ator autorizado a decidir, é tão essencial quanto a própria decisão, em si mesma apócrifa. É o selo que transforma um acúmulo contingente de palavras desprovidas de maiores consequências em necessidade. O que a etimologia da palavra "jurisprudência" (do latim *iurisprudentia*) permitiria descobrir sob a superfície dos seus usos modernos é a própria realidade do direito como um conjunto de operações que têm, finalmente, menos a ver com a legislação do que com "um saber técnico sem o qual lei alguma poderia esperar surtir efeitos" (Sutter, 2018a, p. 70).

Oliver Wendell Holmes Jr., um antigo juiz da suprema corte norte-americana, definiu, em *The path of the law*, o direito como um *corpus* de "dogmas ou de predições sistemáticas" (Holmes Jr., 2014, p. 04). Isso permitia conceituar o direito em geral como "As profecias relativas às decisões que de fato tomarão as cortes e os tribunais, e nada mais [...]" (Holmes Jr., 2014, p. 09). Esse conceito realista, pragmático e materialista captava o direito não mais como um sistema formal de legislação, mas como a predição esotérica de uma atividade judicial efetiva.

O direito seria, então, um conjunto de profecias sobre o que os juízes fazem, ou farão. Isso mobiliza três funcionamentos correlatos. Primeiro, o direito está ligado a um poder de comandar atribuído às autoridades públicas, cujo fundamento seria a soberania, e no qual a sua possível arbitrariedade contaria menos que a sua lógica própria. Segundo, o direito consistiria em uma operação preditiva ou oracular capaz de profetizar as consequências futuras da adoção de certas ações ou omissões pelos jurisdicionados, tomando como referencial as decisões dos tribunais. Terceiro, o direito seria um *corpus* sistemático, lógico e geral de predições sobre as decisões que serão efetivamente adotadas nas cortes e tribunais, organizado de forma axiomática e dedutiva (o que não quer dizer matemática), e baseada no acúmulo histórico de decisões. Uma teoria geral do direito resultaria, portanto, da elevação dessas predições oraculares ao seu mais alto grau de generalização, compreendendo as regras mais fundamentais e as ideias mais gerais.

As definições realistas que Holmes Jr. dava ao direito deslocavam o cânone acadêmico forjado por figuras célebres, como Christopher Columbus Langdell, então professor da Universidade Harvard, e que resultava em "[...] tratar o direito como um conjunto de dogmas racionais, que encontravam no formalismo lógico seu modelo, e em uma espécie de rigor moral, seu fundamento" (Sutter, 2014, p. 04).

Definir, como Holmes Jr., o direito segundo um agenciamento complexo entre poder e autoridade, futurição e predição oracular, associando esses elementos de forma sistêmica à prática efetiva das cortes e dos tribunais importava em desafiar o formalismo lógico predominante. Significava reconhecer que a linguagem das decisões judiciais era, essencialmente, a linguagem da lógica, mas esta era também, ao mesmo tempo, o invólucro para "algo muito diferente disso" (Holmes Jr., 2014, p. 18).

Segundo Holmes Jr., o sistema jurídico não poderia ser deduzido matematicamente de um axioma geral. Sob todo o formalismo jurídico, que não ofereceria aos juízes e jurisdicionados nada além de uma perigosa ilusão de certeza, "se dissimula um juízo quanto à importância e o valor relativos de fundamentos legislativos contraditórios – um juízo, é verdade, frequentemente inarticulado e inconsciente, e que, no entanto, constitui a base e o nervo de todo processo" (Holmes Jr., 2014, p. 19). Isso dá a ver algo que os juristas sabem bem: "É possível dar a qualquer conclusão uma forma lógica" (Holmes Jr., 2014, p. 19).

O realismo de Holmes Jr., no entanto, está longe de ser um irracionalismo vago. Em primeiro lugar, porque afirmar o caráter inconsciente do juízo que decide sobre "fundamentos legislativos contraditórios", operando a realidade em que as leis se exprimem, não é o mesmo que afirmar a sua irracionalidade. Em segundo lugar, porque mais irracional e perigoso, como ele adverte, é emprestar ao direito uma dedutibilidade lógico-formal pela qual as suas operações não poderiam ser completamente explicadas. Por fim, porque se a lógica formal é um modo de exercer um juízo racional, ela não contém, nem esgota, todas as formas de racionalidade e pode, como Holmes Jr. argumenta, servir de invólucro para juízos, como os do direito, que admitem uma "outra lógica" cujos contornos ainda é preciso estabelecer.

Ao abandonar o formalismo jurídico e suas transcrições sociológicas reducionistas, o realismo jurídico permitia descobrir sob a jurisprudência muito mais do que uma simples coleção de casos ou de hábitos de juízo calcificados. Descobríamos o direito como o entrelaçamento do poder, das predições oraculares, de um exercício teórico, geral e sistemático de futurição e das atividades reais dos juízes nas cortes e nos tribunais. Tudo, no realismo jurídico, orbita ao redor do que os juízes fazem, ligando a atualidade a uma memória prospectiva, e decidindo casos como operadores de um saber-poder.

O que a imagem clássica da jurisprudência como coleção de casos decididos impede de definir, porém, é "o que fazem os juízes?" Ao abandonar a definição da jurisprudência como coleção de casos, imaginando que ela possa ser compreendida não como um repertório de casos decididos, mas como um conjunto de operações técnicas e oraculares que envolvem saber, poder, predição e futurição, é possível descartar tanto a pergunta "o que é a jurisprudência?", quanto a resposta "a jurisprudência é o que os juízes fazem". Se invertêssemos os termos, de modo mais funcional e pragmático, e menos ontológico, as perguntas, talvez melhor colocadas, passariam a ser: "Quem são, e o que fazem, os juízes?" E, por sua vez, "O que faz a jurisprudência?".

A partir desse deslocamento perspectivo seria possível imaginar a jurisprudência como um processo desarticulado dos seus atores institucionais, os juízes? Na expressão cáustica de Deleuze (2008, p. 210), "um comitê de sábios, comitê moral e pseudocompetente" a quem não se deveria confiar a jurisprudência (Deleuze, 2008, p. 209)? Responder a esse problema, impensável nos termos do formalismo jurídico e da ciência do direito, como das sociologias de inspiração "positivista" ou "institucionalista", é a condição para situar adequadamente outras afirmações de Deleuze, como a de que a jurisprudência – verdadeira filosofia do direito – poderia ser confiada a "grupos de usuários".

[Quem são, e o que fazem, os juízes?]

Quem são os juízes? Personagens conceituais que operam a jurisprudência. Nas suas mãos, a jurisprudência deixa de ser um processo social para tornar-se uma *enclosure* de saber-poder que produz efeitos no campo social.

Em uma entrevista de 1977 intitulada Verdade e poder, Michel Foucault (2011) elegia "o homem de justiça", "o homem da lei", o "jurista-notável", como o modelo e a origem do intelectual universal em sentido político. Foucault o apresentava como "o homem que reivindicava a universalidade da lei justa, eventualmente contra os profissionais do direito" (Foucault, 2011, p. 10); "[...]o escritor, o portador de significados e de valores em que todos podem se reconhecer" (Foucault, 2011, p. 11), em detrimento de um modelo de intelectual específico que só viria a se desenvolver a partir da Segunda Guerra Mundial.

Ao opor o intelectual universal – "escritor genial [...] que empunha os valores de todos" (Foucault, 2011, p. 11) –, fundado no modelo do jurista-notável, e o intelectual específico, baseado no protótipo do "cientista-perito", o que Foucault deixava escapar era o fato de que os juristas e os magistrados foram, pelo menos desde Roma, personagens nos quais essas duas figuras se confundiam.

Não é do jurista-notável que os intelectuais universais extraem a generalidade de sua economia política da verdade. Eles a extraem do próprio caráter expansivo da lei e da soberania, que os juristas operam localmente na condição de cientistas-peritos. A lei e a soberania conferem o modelo de uma universalidade que, para ser eficaz, precisa ser constantemente atualizada por juristas, prudentes, técnicos ou práticos da lei na situação limítrofe e sempre singular dos casos. Por isso, os juízes são tanto os intelectuais específicos, técnicos setoriais que operam a universalidade da lei sobre o material contingente dos casos concretos, quanto intelectuais universais, "gênios escritores" da Necessidade como obra máxima da soberania.

Para definir o papel do intelectual, Foucault (2011, p. 13) dizia ser necessário olhar menos para os valores universais de que ele é portador, e mais para a relação entre a posição específica que um intelectual ocupa e a função geral que ele desempenha em uma economia política da verdade. Como os juízes e os juristas, esses peritos dos universais, se engajam nesse circuito de verdade?

Essa pergunta se torna especialmente intrigante quando consideramos que a economia política dos juízes, e dos juristas, toma forma como um regime de saber-poder que depende de um "conjunto de procedimentos regulados para a produção, a lei, a repartição, a circulação e o funcionamento dos enunciados" (o saber); mas, também, "está circularmente ligada a sistemas de poder, que a produzem e apoiam, e a efeitos de poder que ela induz e que a reproduzem" (o poder) (Foucault, 2011, p. 14).

Oliver Wendell Holmes Jr. reconhecia que, sob a axiomática dedutiva do formalismo jurídico, e para além do invólucro lógico das conclusões adotadas em processos, o nervo e a base da jurisprudência estavam ligados a um juízo frequentemente inarticulado e inconsciente quanto "à importância e ao valor relativos de fundamentos legislativos contraditórios" (Holmes Jr., 2014, p. 19). É precisamente no cerne desse juízo aversivo, inarticulado e inconsciente, sob as infinitas camadas de proposições lógicas e deduções axiomáticas, que encontramos "o verdadeiro fundamento de todo julgamento" (Holmes Jr., 2014, p. 23).

Para Holmes Jr., esse juízo coincidia com uma tomada de posição dos juízes sobre questões controversas e candentes; isto é, decisões fundamentais sobre "os méritos sociais que justificam as regras que [os juízes e os juristas] elaboram" (Holmes Jr., 2014, p. 23-24). Eis quem são os juízes: cientistas-peritos que apropriam, de maneira monopolista, e segundo um regime técnico de saber local e poder universal, a jurisprudência como processo social, mantendo-a inconsciente (ou foracluída), inarticulada, aversiva à própria operação jurídica.

Em outras palavras, juiz é todo aquele que neutraliza a jurisprudência como processo social ao convertê-la em uma *enclosure* de saber-poder,[11] uma operação de especialistas e de oligarcas, que terminará confundida com uma coleção de casos decididos, isomórficos, tendentes a certo equilíbrio homeostático.

Assim, a administração da justiça, frequentemente confundida com o processo que dá origem à jurisprudência como coleção de casos decididos, revela por dissimulação um caráter excessivo (Sutter, 2018b) que se manifesta em relação à lei e aos fatos, mas também em relação ao próprio saber-poder axiomático, lógico e formal que organiza a jurisprudência como um *corpus* de "resultados" do que os juízes fazem de seu saber-poder de jurisperitos.

Como na experiência romana da *iurisprudentia*, o funcionamento prático e real do direito estaria mais próximo de uma casuística sutil e antagonista da lei (Thomas, 2011) do que da universalidade natural ou normativa que o juízo procura atualizar em uma dada situação de fato.

Os arestos, segundo Holmes Jr. (2014, p. 04), "recobriam a quase-totalidade do corpus do direito, e não constituíam mais do que a sua reformulação para o presente". Isto é, uma vez decidido, cada caso seria como uma amálgama singular que manifestava, sob a forma de um "resumo da totalidade do direito" (Sutter, 2018b, p. 67), a ordem de princípios da qual a decisão de um caso emana. Mas que ordem de princípios seria esta que o saber-poder dos juízes atualiza

[11] Em junho de 1971, numa discussão com militantes maoístas sobre um projeto de tribunal popular para julgar a polícia, Foucault afirmava que "o tribunal não é a expressão natural da justiça popular, mas, [...] tem por função histórica reduzi-la, dominá-la, sufocá-la, reinscrevendo-a no interior de instituições características do aparelho de Estado" (Foucault, 2011, p. 39). O problema com os tribunais populares não estaria, portanto, na circunstância de serem populares, mas em sua articulação na forma de tribunal, prolongando o *logos* do juízo.

localmente, na "singularidade concreta" de cada caso, atestando a sua pertença a uma economia política da verdade operada pelos jurisperitos?

Ao comentar o caráter cosmético do ato de julgar, Laurent de Sutter fornece uma pista que pode ser encontrada em outros termos no realismo de Oliver Wendell Holmes Jr. A administração da justiça, segundo ele, exibe uma natureza neutra, na medida em que "cada julgamento não passa da forma oficial dos prejuízos da comunidade que ele pretende defender, e que deseja alcançar grande amplitude, através do desdobramento de um dispositivo administrativo" (Sutter, 2018b, p. 82).

Quando Holmes Jr. (2014, p. 23-24) aponta o caráter inarticulado, inconsciente e aversivo, para os juristas, de quaisquer considerações sobre os méritos sociais das regras que suas decisões elaboram, é porque percebe que os juízes não cessam de "tomar posição em questões controvertidas e candentes". Isso não se deve ao fato de os juristas ignorarem a dimensão social dos casos, mas ao fato de se saberem os operadores e técnicos de uma economia política da verdade cuja função é neutralizar a jurisprudência como um processo social.

O que a administração técnica da justiça e o julgamento de casos pela *enclosure* judicial neutraliza, torna inconsciente, inarticulada e aversiva, é a jurisprudência já não mais como coleção de casos decididos, mas como processo social, cuja prática heterônoma arriscaria bascular certa economia política da verdade de que os juízes participam. Sob esse ponto de vista, os juízes nada mais são do que personagens conceituais (Deleuze e Guattari, 2007) disfarçadas de atores e causas eficientes da jurisprudência. Não passam de tipos psicossociais, representantes do negativo e marcadores dos perigos do tipo específico de criação coletiva que seu saber-poder neutraliza ao se exercer.

Os juízes não cessam de emular e descrever os movimentos de um plano de imanência do qual creem serem os autores (a jurisprudência como coleção de casos decididos, como resumo atualizado de um conjunto de preconceitos sociais cosmeticamente disfarçados de princípios), quando, em verdade, esses movimentos são os modos e atributos sociais da jurisprudência. Isto é, do processo social que, por ser essencialmente criativo e apócrifo, exige a assinatura dos magistrados como operadores técnicos de sua neutralização política em um regime de verdade.

[O que faz a jurisprudência?]

Quando Deleuze afirma que a jurisprudência, e não a lei ou as leis, é "verdadeiramente criadora de direito", e que ela não deveria ser confiada aos juízes, mas "a grupos de usuários" (Deleuze, 2008, p. 209-210), estabelece as condições transcendentais para passar do direito à política.

Ainda que a jurisprudência não seja uma prática imediatamente política, suas operações envolvem um processo de "criações coletivas". Isso exige que realizemos uma associação impensável nos termos da "justiça administrada", entre a jurisprudência – genuína "filosofia do direito, [que] procede por singularidades" (Deleuze, 2008, p. 191) – e o campo social.

Exige, mais que isso, ressituar o teatro das suas personagens conceituais. Não mais os juízes, as cortes e os tribunais, tampouco a "administração da justiça", mas "os grupos de usuários". Eles, que se encontram envolvidos em acidentes, realidades contingentes, problemas jurídicos específicos e atuais, ou em casos singulares, que não autorizam a interferência dos universais compreensivos da lei ou do *a priori* abstrato dos direitos.

A jurisprudência remete, agora, a um processo social articulado em torno de toda uma nova gramática que, sendo a do direito, já não pode ser a dos direitos, das suas subjetivações universais e *a priori*, a do juízo ou a dos tribunais. Com a noção deleuziana de jurisprudência estamos muito mais próximos do "novo direito" com que sonhara Foucault (2011, p. 190), e que seria ao mesmo tempo "antidisciplinar e [...] liberado do princípio de soberania".

Ao deslocarmos a questão inicial, "o que é a jurisprudência?", para "quem são, e o que fazem, os juízes?", a jurisprudência deixa de ser a resposta automática para a pergunta "o que fazem os juízes?". Essa é uma resposta já inteiramente envolvida por uma imagem do direito. Com a progressiva desarticulação entre a jurisprudência e suas personagens conceituais, os juízes se tornam menos do que os atores da jurisprudência. Tornam-se seus representantes, os marcadores de movimentos imanentes de um processo conceitual, social e criador que os envolve.

A jurisprudência só pode aparecer como uma atividade autônoma, e como uma categoria do social, na medida em que esteja dissociada tanto das suas personagens conceituais (os juízes) quanto das atividades que elas desempenham (o julgamento, o juízo). Desarticular a jurisprudência tanto dos seus presumidos atores quanto das atividades que eles promovem permitirá que exploremos a relação entre instituição e jurisprudência em um sentido novo e insuspeito, a partir da interpretação que Deleuze faz dessa categoria em David Hume. Isso é o que permitirá religar jurisprudência e campo social.

Entre os intérpretes da filosofia do direito de Deleuze, Alexandre Lefebvre foi aquele que talvez tenha ido mais longe na problematização da noção de jurisprudência. Exceto pelo fato de que, ao encontrar em Deleuze uma crítica da lei confundida com o direito, e também uma crítica do julgamento, Lefebvre reindexa a jurisprudência ao exercício do juízo sob os auspícios de uma renovada teoria do julgamento (Lefebvre, 2008, p. 173-190).

Para ser compreendida como intrinsecamente criativa, a noção deleuziana de jurisprudência vai aparecer associada a três premissas conceituais que definem com precisão "o que faz a jurisprudência", e em que consiste o processo social ou a criação coletiva que recebe esse nome.

Quando Deleuze fala de jurisprudência – eis o centro do argumento de *The image of law* nesse particular –, "[...] ele parece ter em mente um sistema de *case law*, que cria o direito a partir de seus encontros concretos e das controvérsias dos litigantes [...]" (Lefebvre, 2008, p. 56). Assim, a jurisprudência, como a filosofia do direito, "aprecia o *caso*, isto é, a singularidade jurídica, como o elemento fundamental e o princípio do direito" (Lefebvre, 2008, p. 58). Nesses termos, Deleuze não teria aversão ao julgamento, mas ao dogmatismo abstrato e ao universalismo transcendente em relação aos casos concretos.

Essas são as premissas para que Lefebvre possa lançar uma nova versão do juízo, antidogmática e baseada na "necessidade transcendental de encontros singulares" (Lefebvre, 2008, p. 87). Nesses termos, a jurisprudência aparecerá associada a três noções. Primeiro, ao conceito de instituição, de David Hume. Segundo, ao conceito de encontro, de Baruch de Espinosa e Marcel Proust. Mais tarde, e por fim, à noção de problema, de Henri Bergson, situada na nova repartição entre a contingência e a necessidade que se opera nos encontros concretos.[12]

O projeto de Lefebvre consiste em produzir uma afinidade eletiva entre Deleuze, Bergson e Espinosa da qual deriva uma crítica à imagem dogmática da lei e do julgamento. Isso resulta em propor uma teoria da decisão, ou do julgamento (*adjudication*), renovada, que termina por reindexar a jurisprudência ao juízo.

Para responder "o que faz a jurisprudência?", poderíamos seguir de perto a detida descrição conceitual que Lefebvre empreende. Mas isso não nos permite cruzar a linha da atualidade institucional dos sistemas de justiça, nem corroer a imagem tradicional da jurisprudência e do direito em favor de um direito sem imagem. Como alternativa, podemos desenvolver a noção de jurisprudência a partir de uma pista conceitual que Lefebvre decide não seguir – pelo menos, não até o fim.

[Instituição e inconsciente]

Ao descrever as relações entre jurisprudência e instituição na obra de Deleuze, Lefebvre opta por paralisar a análise precisamente no ponto em que ela lhe dá acesso a uma oposição útil ao desenvolvimento de uma teoria do julgamento emancipada da imagem dogmática da lei: a oposição entre instituição-jurisprudência e lei-direitos, derivada da leitura que Deleuze faz da noção humeana de instituição.

[12] Embora Bergson tenha sido o autor de um potente conceito de problema, que se liga, pela ressonância intuitiva, à dimensão do virtual e da ideia filosófica, veremos que a noção de problema exige uma intercessão complementar: a filosofia da individuação e do transindividual de Gilbert Simondon. Desenvolveremos essa direção no capítulo 5, em "Pragmática das singularidades".

O problema em não levar essa oposição às suas últimas consequências resulta no estabelecimento de uma relação de identidade entre jurisprudência, instituição e julgamento – identidade que Deleuze nunca adotou. O próprio Lefebvre (2008, p. 56) reconhece que Deleuze "jamais define o que ele compreende por jurisprudência", e todo problema está em entender a jurisprudência como instituição, e a instituição como "invenção de direitos" (Lefebvre, 2008, p. 55). Tomando distância dessa interpretação, gostaríamos de propor que a relação entre os conceitos de jurisprudência e instituição fosse pensada em si mesma, e de maneira a divergir de uma teoria do julgamento ou da invenção de direitos. Estas não passam de objetivos estabilizadores do processo social, agonístico e movente que a jurisprudência dos corpos implica.

Em 1953, em *Empirismo e subjetividade*, Deleuze estabelece uma "oposição entre lei e instituição que ele nunca abandonará" (Lefebvre, 2008, p. 53). Ao mesmo tempo, e curiosamente, essa é a direção de leitura em que Lefebvre (2008, p. 54) decidirá não prosseguir. Dela, no entanto, retira-se a oposição entre uma versão germinal da sociedade, que Deleuze representa como "criativa, inventiva, positiva", e outra da lei, que Deleuze diz ser negativa, na medida em que "limita o dano que os sujeitos podem causar uns aos outros" (Lefebvre, 2008, p. 54). Como instituição, o social inventa. É o tema das linhas de fuga. Já como lei, o social limita. É o tema das contradições e do poder que as unifica.

Isso origina duas versões da instituição. Uma primeira versão é social, referenciada por uma dinâmica de problemas atuais e soluções criadoras, concretas e positivas. A outra, será legal referenciada por limitações estacionárias de soluções pré-formadas, estabelecidas *a priori*, baseadas em direitos negativos e universais abstratos.

No entanto, essas duas versões das instituições são habitadas por duas versões do social. O social é o problema para o qual as instituições apresentam respostas sempre artificiais, promovendo a integração das versões parciais e excludentes em que o social se distribui. Elas operam compatibilizando os contrários que, de outro modo, se destruiriam.

Esta última versão do social corresponde precisamente a "uma imagem abstrata e falsa da sociedade", que a define "de maneira apenas negativa", e vê nela apenas "um conjunto de limitações de egoísmos e interesses" (Deleuze, 2001a, p. 34). A segunda versão, propriamente humenana, é a que a "compreende como um sistema positivo de empreendimentos inventados" (Deleuze, 2001a p. 34).

Com efeito, em Hume, essa dissociação é atravessada pelo problema muito moderno da natureza humana, cuja definição oscilava entre a descoberta recente do egoísmo engendrado no fogo das economias europeias, pós-feudais e pré-capitalistas e a paciente reafirmação da sociabilidade natural, forjada no ouro envelhecido da tradição aristotélica.

Em Deleuze, porém, esse pano de fundo já não é o da natureza humana, mas o da instituição, das criações coletivas e da sua artificialidade, uma vez que "o estado de natureza já é desde sempre algo muito distinto de um simples estado de natureza" (Deleuze, 2001a, p. 34). As primeiras alianças entre seres humanos – sexuais, filiais – movem-se pela simpatia natural. No entanto, são justamente tais simpatias que, em associações mais vastas que as familiares, podem entrar em contradição. O problema propriamente social a que as instituições devem responder com seus artifícios e invenções é o de evitar que os interesses, as paixões e as simpatias – todo um sistema natural de tendências – se contradigam no mais alto grau. Isto é, neguem-se pela violência.

A resposta que Deleuze encontra em Hume, e que seria retomada dois anos mais tarde em "Instintos e instituições" (1955), é a estruturação coletiva de sistemas de meios capazes de produzir uma síntese entre uma tendência e o objeto que a satisfaz (Deleuze, 2006b, p. 31). Sua premissa não é a da positividade externa ao social (própria das teorias da lei) ou da negatividade interna ao social (característica das teorias do contrato). Ela admite, antes, que as necessidades e o seu negativo permanecem fora do social, e que o social – um empreendimento coletivo, positivo, criativo – caracteriza-se por instituir "meios originais de satisfação" das tendências (Deleuze, 2006b, p. 29-30).

As instituições são efeitos de criação coletiva muito diferentes da afirmação da lei como negatividade, e do social como limitação. Em relação às tendências e simpatias as instituições são invenções de sistemas de meios que permitem a sua satisfação oblíqua, a sua ampliação libertada das contradições naturais nas quais, não fossem as instituições, as tendências e simpatias se destruiriam em violência (Deleuze, 2001a, p. 39). Por isso, Deleuze pôde afirmar ainda muito cedo que "o homem não tem instintos, ele faz instituições. [...] é um animal em vias de despojar-se da espécie" (Deleuze, 2006b, p. 31). Por isso, também, o que lhe interessava na literatura sadiana e masochiana eram as noções torcidas de contratos e instituições (Deleuze, 2008); espécimes luminosos de sistemas de meios oblíquos de satisfação de impulsos e tendências.

O conceito de instituição social vai colocar em xeque precisamente a cisão entre a natureza animal do homem e o artifício propriamente humano em que a sua naturalidade se desenvolve. Na interpretação que Deleuze produz do conceito humeano de instituição, tudo se passa como se as instituições sociais, e a sua artificialidade inventiva, fossem toda a natureza humana.

A instituição satisfaz as tendências por meios que não lhes pertencem, que lhes são oblíquos, indiretos, transformados, sublimados. Esses são os termos em que se constitui, para Deleuze, "o mais profundo problema sociológico": se as instituições sociais não podem ser explicadas pela tendência, ou pela utilidade, "qual é esta outra instância da qual dependem diretamente as formas sociais da satisfação das tendências"? (Deleuze, 2006b, p. 30).

Sua resposta parece reverberar a própria ideia de jurisprudência, uma vez emancipada das suas personagens conceituais (os juízes) e libertada da sua economia política da verdade (os juízos, os julgamentos): "A instituição social remete-nos a uma atividade social constitutiva de modelos dos quais não somos conscientes [...]. Neste sentido, o padre, o homem ritual", o juiz, acrescentaríamos nós, "é sempre o inconsciente do usuário" (Deleuze, 2006b, p. 30). Esse excerto parece nos abandonar praticamente no mesmo ponto em que o realismo jurídico de Holmes Jr. nos deixava, ao afirmar que "um juízo, é verdade, frequentemente inarticulado e inconsciente [...], constitui a base e o nervo de todo processo" (Holmes Jr., 2014, p. 19).

A noção humeana de instituição contribui, por um lado, para confirmar o que, por vias outras, concluímos a respeito da possibilidade de desarticular o conceito de jurisprudência das suas personagens conceituais, os juízes. Se a instituição remete a "uma atividade social" que constitui modelos dos quais "não somos conscientes", e "o homem ritual" é o "inconsciente do usuário", desarticular a jurisprudência e os juízes e atribuí-la a grupos de usuários vem a ser uma operação necessária para compreender o que Deleuze diz quando fala "jurisprudência".

Poderíamos chamar essa operação de "desalienação" da jurisprudência, se quiséssemos. Mas isso implicaria que a ação dos "homens rituais" não deixasse qualquer brecha para a interferência do inconsciente dos usuários. Não é, nem de longe, o que Deleuze e Guattari dizem sobre os juízes. Uma das passagens mais chocantes do *Kafka* de Deleuze e Guattari (2003) é aquela em que descobrimos que a lei é escrita em um livro pornô. Ao mesmo tempo, uma das mais asfixiantes é aquela em que toda a gente parece ser funcionária de justiça.

Isso não nos coloca diante da vulgaridade gratuita. O livro pornô da lei apenas indica que o juiz é, ele próprio, inteiramente moldado pelo desejo. Uma personagem conceitual que só se faz na medida em que se banha, sem cessar, na imanência que ela tenta incorporar como eminência, transcendência. Por outro lado, o fato de que "toda a gente pertence à justiça, toda a gente é auxiliar" (Deleuze e Guattari, 2003, p. 91) tampouco nos defronta com o burocratismo de um Estado total, mas com a condição para que o juiz possa ser a personagem conceitual, o homem ritual e o inconsciente do usuário: é a polivocidade dos grupos de usuários, os quais se distribuem numa polirritmia por todo o campo social. São as moças perversas, os empregados vis, os falsos advogados, os juízes que folheiam livros obscenos. *De jure*, todo mundo opera a jurisprudência.

O desejo que molda o homem ritual da jurisprudência é imanente ao inconsciente do usuário, ao campo social e, portanto, a "um só e mesmo desejo polívoco" (Deleuze e Guattari, 2006, p. 92). Uma justiça que não se deixa representar, precisamente porque coincide com a multiplicidade do desejo coletivo. Por isso, ao separar a jurisprudência dos juízes, talvez não estejamos diante de uma mera desalienação, mas de uma verdadeira tomada de controle sobre os meios de expressão pelos grupos de usuários. O direito que nasce daí é a resultante sempre limítrofe, precária e parcial que desenvolve as lutas pelas modulações e pelos ritmos.

Talvez possamos considerar a jurisprudência como um processo social sem atores. Um processo no qual a necessidade de atores só pode ser formulada nos termos do problema, acidental e contingente, que os constitui por propagação e por contágio. Por outro lado, a noção de instituição favorece a compreensão da jurisprudência como uma "atividade social constitutiva de modelos dos quais não somos conscientes" (Deleuze, 2006b, p. 30).

Um processo construtivo, positivo, dinâmico. Um empreendimento criativo, coletivo e artificial – e, nesse contexto, dizer artificial é dizer social: tipo de relação cuja natureza é a de criar um sistema de meios capazes de produzir uma síntese oblíqua entre a tendência e o objeto que a satisfaz, sublimando-a nos termos deslocados dessa síntese inventiva. Essa definição parece antecipar de maneira incompleta as tendências intrinsecamente sociais da jurisprudência, ao mesmo tempo que deixa em aberto a única pergunta que pode atestar a validade dessa hipótese: "O que faz a jurisprudência?"

[Os dois usos da jurisprudência]

A relação entre jurisprudência e campo social nos faz avançar em um encontro entre a filosofia, a teoria social e a teoria do direito. Esse encontro poderia se situar no limiar de uma teoria social renegada e alternativa que, a exemplo dos trabalhos de Gabriel Tarde – um jurista de formação e juiz de instrução –, foi considerada "metafísica demais" ou "psicológica demais" por Émile Durkheim e demais adversários contemporâneos que prolongavam a versão positivista, metódica, holística, macrofísica e totalista do social entre os séculos XIX e XX (Tonkonoff, 2017).

Atualmente, esse encontro se revela tão pertinente que se prolonga no íntimo da própria teoria social. Nas últimas décadas, seu maior expoente foi Bruno Latour, com sua *Actor-Network-Theory*, a qual reconhece em Tarde um de seus precursores sombrios (Latour, 2007). Situada em outro campo, estruturalista e de inspiração bourdieusiana, nos deparamos com a proposta de Frédéric Lordon (2013), que busca estabelecer uma nova aliança entre a filosofia e as ciências sociais, e assim reconfigurar o pensamento social a partir de sua apreensão afetiva. Uma recuperação que Lordon projetou como um "estruturalismo das paixões".

Apesar das grandes distâncias que mantém de Deleuze e Guattari, o estruturalismo das paixões de Lordon parece ainda assim favorecer um movimento equivalente ao que Tarde e seus herdeiros divergentes produziram: "a possibilidade de um entrelaçamento [das ciências sociais] com a filosofia" (Lordon, 2013, p. 33). Seu estruturalismo das paixões corre ao encontro dessa possibilidade assumindo premissas que, mesmo muito distantes de Tarde são compartilhadas com ele através de meios divergentes.

Enquanto a microssociologia tardiana pode ser considerada uma herdeira da monadologia de Gottfried Leibniz (Latour, 2002b, p. 120), a sociologia dos afetos que Lordon propõe inspira-se na abertura de Pierre Bourdieu (2003) à metafísica, bem como na sua integração com a ética espinosana dos afetos e dos encontros.

Com todas as distâncias que os separam, a sociologia estruturalista de Lordon, a microssociologia de Tarde e o pensamento pós-estrutural de Foucault, Deleuze ou Latour, em dimensões conceituais distintas, testemunham uma partilha desigual de influências como as de Espinosa e Leibniz. Ainda assim, o que aproxima suas propostas é o fato de elas se desenvolverem em franca ruptura com o cartesianismo, restabelecendo os vínculos rompidos entre a filosofia e a teoria social, especialmente entre o fim do século XIX e o início do século XX.

Não será, portanto, coincidência que um antropólogo como Bruno Latour, ao realizar uma etnografia do Conselho de Estado Francês, apresente o direito como uma "genuína sociologia". Isto é, como uma operação "que secreta uma forma original de pôr em relação contextual pessoas, atos e escritos" (Latour, 2002a, p. 278).

O que parece tocar Latour profundamente ao falar de direito, também subsidia o câmbio perspectivo que permitiria à sociologia tradicional abandonar sua posição de cegueira voluntária e de pobreza descritiva, sempre reconduzida a noções compreensivas que pouco explicam o funcionamento efetivo do direito como um processo de associações entre elementos heterogêneos que formalizam um contexto de ação – o que, em Latour, é o mesmo que dizer "social".

Com efeito, quando os sociólogos se põem a falar do direito, suas operações cognitivas permanecem frequentemente reduzidas a noções "de poder, de estrutura, de hábitos, de tradições, de mentalidades" (Latour, 2002a, p. 279), e colocam entre parênteses suas operações reais, que consistem em "traçar caminhos que permitem mobilizar de maneira efetiva a totalidade [da construção da sociedade]" (Latour, 2002a, p. 279).

Existe, portanto, um "trabalho do direito" que, no âmbito do tribunal administrativo cujas práticas Latour descreveu, não pode ser explicado completamente nem em termos de poder, como numa apreensão sintética da sociologia bourdieusiana, nem em termos de forma, como suporia a epistemologia jurídica (Latour, 2002a).

As práticas sinuosas do direito, os conjuntos de ajustes infinitamente pequenos, as microtensões e inversões de sentido, a superficialidade em que parecem se efetuar seus movimentos próprios (homeostáticos ou aberrantes) entregam-nos, a partir dos elementos efetivos da prática jurisprudencial, o que antes aparecia como um pressuposto inconsciente no realismo de Oliver Wendell Holmes Jr.

"O que faz o direito?" Latour (2002a, p. 280) responde a essa questão dizendo que o direito faz relação, "faz associação entre elementos, tece o social", produz "um tipo de associação" que se "mistura com tudo". Eis o que torna lícito concluir, a partir de materiais etnográficos e concretos, que "o direito é, já, o social, a associação; [...] ele trabalha por si mesmo mais social que a noção de sociedade de que, de outra parte, ele não é sequer distinto, na medida em que ele a trabalha, a petrifica, a agencia, a desenha, a imputa, a responsabiliza e a envolve" (Latour, 2002a, p. 281).

No entanto, ainda que o direito possa ser descrito como um processo que produz o social, ou associações de um certo tipo, o direito e o social não se equivalem. O direito permanece autônomo em relação ao social precisamente na medida em que envolve, a seu modo, a totalidade do social, a partir de técnicas esotéricas que permitem que pequenas inovações subvertam a ordem usual das coisas (Latour, 2002a, p. 292). Por outro lado, o direito tampouco se confunde com a política, na medida em que ele não funda, e não pode fundar, a composição do corpo político, ou a circuitaria de poder e soberania, em que sua capacidade de coagir se sustenta (Latour, 2002a, p. 290).

O que poderia resultar do cruzamento entre essas duas proposições? A primeira, latouriana, que afirma o direito como uma sociologia efetiva, uma série de técnicas esotéricas que operam o social, sem se confundir com ele (a matéria operada) ou com a política (sua condição, mas também seu efeito operável). E a segunda, deleuziana, em que a jurisprudência se afigura a verdadeira filosofia do direito, que procede por prolongamento de singularidades?

Por um lado, a jurisprudência se torna uma filosofia das operações de uma técnica social "que se mistura com tudo". Desarticulada de suas personagens conceituais (os juízes), e destinada a grupos de usuários, é possível efetuar na jurisprudência a passagem do direito à política. Isto é, a passagem da operação que tece o social ao regime das suas condicionalidades e dos seus efeitos. A passagem que permite unir as técnicas esotéricas do direito, que efetuam grandes subversões às custas de pequenas inovações, à recomposição do corpo político, em que pequenas subversões operam grandes inovações.

O que caracteriza o campo social, segundo Deleuze, não é a contradição entre forças, nem as relações estratégicas de resistência-poder, mas suas linhas de fuga: "linhas objetivas que atravessam uma sociedade. [...] o primado de uma sociedade", prossegue Deleuze (2016, p. 134), "é que nela tudo foge, tudo se desterritorializa". A jurisprudência é *uma* das operações que interferem com esse emaranhado de linhas.

O direito não cessa de tecer e destecer relações, operar associações locais, ligar escritos, pessoas e coisas. Sua técnica é ao mesmo tempo social, ou associativa (uma verdadeira sociologia), profética, ou premonitória (uma verdadeira teoria geral), e esotérica ou inventiva (uma ontologia efetiva). O movimento das operações do direito arrasta sempre um agenciamento dessas três dimensões.

No cruzamento real entre uma formação social dada, instituições estáveis e suas inovações ou fugas – que não passam de "pontas de desterritorialização dos agenciamentos de desejo" (Deleuze, 2016, p. 132) que operam o social –, o direito tece o social que foge por toda parte seguindo duas tendências: por um lado, através do juízo, da crítica e da institucionalidade pré-formada de suas personagens conceituais, o direito trama axiomas; tece o social como um bloco de formações binárias, hierárquicas e unificadoras.

Por outro, operando a jurisprudência como instituição, através de personagens conceituais não performadas ou institucionalizadas (os grupos de usuários), o direito "quebra formas, marca rupturas", mas também reconstrói as formas quebradas, "o conteúdo que estará necessariamente em ruptura com a ordem das coisas" (Deleuze e Guattari, 2003, p. 57-58).

É seguindo a tendência do direito que se opera como instituição, não como juízo ou lei, que se pode compreender a jurisprudência como atividade que produz misturas associativas que desconectam e reconectam o social. O que faz, pois, a jurisprudência na condição de verdadeira filosofia do direito, que procede por singularidades? Desarticulada de suas personagens conceituais (os juízes), mas também de seu axioma de pensamento (o juízo), a jurisprudência tece o social como fuga e prepara a matéria social que precede uma recomposição do corpo político.

Isso nos permite evitar uma série de enganos muito comuns, entre eles: o que consiste em imaginar que os sujeitos de direito preexistem aos processos sociais reais de experimentação jurisprudencial que os engendram; ou o equívoco que consiste em gerar uma identificação entre o direito e a lei, ou entre o direito e os direitos, como se eles fossem inteiramente exteriores à matéria social que preparam, sob a forma de uma axiomática ou da sua desterritorialização em uma nova forma.

Em resumo, a jurisprudência constitui por ruptura e reconstituição: a verdadeira filosofia do direito, que procede por singularidades; uma técnica associativa que prepara uma matéria social. Trata-se dos grupos de usuários, que não preexistem à jurisprudência, mas resultam da sua experimentação ativa com os agenciamentos coletivos de desejo; por fim, constitui uma saída para a recomposição de um corpo político, através de usos políticos do direito.

Se levarmos a sério a afinidade eletiva entre o realismo de Holmes Jr., a noção deleuziana de instituição e a leitura latouriana da prática do direito, que "se mistura com tudo", veremos que o direito e a jurisprudência admitem dois tipos de investimentos pelo desejo.

Há um uso axiomático e judicioso da jurisprudência, aquele que fazem os juízes, e que se vale de um movimento crítico, de parada do social. Os juízes estão sempre a julgar, e a tecer o social pela via da crítica, como se dissessem que estamos indo longe demais ou depressa demais. No entanto, se o direito se mistura com tudo, se as sinuosidades de sua prática real destramam e retecem o social, tirando de pequenas inovações as maiores subversões, é porque a jurisprudência também admite um uso revolucionário. Misturado com tudo, o direito implica que "funcionário de justiça [seja] toda a gente" (Deleuze e Guattari, 2003, p. 89).

Isso não impede que o uso axiomático da jurisprudência seja um antiprocesso. Ele implica um movimento de parada, o exercício do juízo e da crítica como operações de hipóstase (Deleuze e Guattari, 2003, p. 93). Já o uso revolucionário da jurisprudência reencontra o direito como operação que trama o social, engendra grupos de usuários, promove subjetivações em relação a problemas singulares, produz desmontagens locais dos axiomas e potencializa linhas de fuga objetivas que definem um movimento de aceleração do social em ruptura com as suas formas decantadas.

O uso revolucionário da jurisprudência engendra a experimentação de um aceleracionismo jurídico. Ele permite redescobrir, como Deleuze e Guattari (2003, p. 90-92) propuseram a respeito de Kafka: primeiro, que se o direito se mistura com tudo, e se toda a gente é funcionária de justiça, é porque a justiça é desejo, mesmo quando ela é experimentada sob as formas fascistas ou capitalofílicas dos desejos de dinheiro, poder, repressão ou burocracia (Deleuze e Guattari, 2003).

Segundo, que a jurisprudência implica "o esquartejamento de toda justificação transcendental". Não há nada a julgar no desejo; "o próprio juiz", como também decorre do realismo de Holmes Jr., "é inteiramente moldado pelo desejo. A justiça é apenas o processamento imanente do desejo" (Deleuze e Guattari, 2003, p. 92). E eis, aí, todos os seus perigos – contra os quais Deleuze e Guattari jamais cessaram de nos prevenir –, mas também toda a sua potência.

O desejo investe tanto o uso axiomático quanto o uso revolucionário da jurisprudência. Ele se encontra tanto do lado da perversão autoral dos juízes e sua crítica quanto da aceleração das linhas de fuga do campo social e seus grupos de usuários. O que faz a jurisprudência? Ela opera o social por ruptura-continuidade, desmontagem-remontagem, maquinação abstrata e concreta, julgar e fazer existir (Deleuze, 1997, p. 153). Prepara a matéria social que antecipa uma recomposição do corpo político, novos regimes que ligam escritos, pessoas e coisas.

As ciências sociais e o direito, mas também a filosofia, parecem ter tornado seu o uso axiomático da jurisprudência, fixando-o em uma imagem do direito. No entanto, o que as práticas sinuosas do direito elucidam – mesmo as que se encontram sujeitas ao mais profundo desejo de axioma, poder, burocracia ou dinheiro – é que os usos axiomáticos da jurisprudência só se operam ao preço de esmagar os possíveis de seus usos revolucionários.

Eis o que permite afirmar que a justiça é um "contínuo do desejo com limites movediços e continuamente deslocados" (Deleuze e Guattari, 2003, p. 92). O juízo, a crítica, o axioma, o poder e a burocracia é que passam a ter de ser explicados em termos de desejo e do processo imanente que se agencia sob o nome de "jurisprudência".

AS OPERAÇÕES DO DIREITO

[Para dar um fim ao hilemorfismo]

Já dissemos que a crise das disciplinas não implica apenas a crise dos confinamentos, mas também das leis e dos moldes.[13] Também mencionamos que o aparecimento das sociedades de controle altera profundamente a configuração nomológica do campo social, e dá origem ao *nómos* da informação, da comunicação e dos controles. Na medida em que as técnicas de controle, assim como a consistência nomológica do *socius*, já não funcionam como moldes e moldagens - mas sim como modulações -, para compreender as operações do direito precisamos dar um fim ao hilemorfismo.

Entre os muitos intercessores de Deleuze, Gilbert Simondon é a "figura marginal" (Sauvagnargues, 2009, p. 242) que contrapõe ao modelo hilemórfico uma alternativa inteiramente nova, e produz uma torção original na noção de individuação. Deleuze foi um dos primeiros a tirar Simondon do anonimato em que seus contemporâneos o mantiveram, reconhecendo que ele apresentava "uma teoria profundamente original da individuação, teoria que implica toda uma filosofia" (Deleuze, 2006b, p. 119).

A noção de individuação admite pelo menos duas versões. A primeira, tradicional e comum ao substancialismo e ao hilemorfismo, trata a individuação como *princípio* (*principium individuationis*). Isto é, recruta a individuação como

[13] Capítulo 2, "Hilemorfismo em transe".

um pressuposto (prévio, exterior, explicativo e condutor) do processo pelo qual um indivíduo vem a ser.

A segunda, versão simondiana, é aquela que pensa a individuação como *operação*, como processo ontogenético ou como devir. Isto é, operação por meio da qual, e na qual, se processa a gênese do ser individuado. A torção original que Simondon propõe para a noção de individuação começa com uma duplicação. Ao lado de uma individuação pensada como princípio transcendente, exterior e explicativo de uma substância cuja gênese permanece obscura, assistimos à emergência de uma individuação pensada como operação de processamento interno ao próprio ser, e que absorve a primeira: "O princípio de individuação é uma operação" (Simondon, 2020a, p. 53).

A individuação como princípio é comum a duas correntes antagonistas que tentaram pensar a realidade do ser, a via substancialista e a via hilemórfica. A primeira aborda a realidade do indivíduo a partir de sua unidade simples e não engendrada. A segunda explica a realidade do indivíduo como um ser engendrado pelo encontro de matéria e forma. O que lhes escapa, essencialmente, é a capacidade de explicar em detalhe o *iter* complexo por meio do qual se processa o engendramento de determinado indivíduo, na medida em que ambos os esquemas padecem do mesmo vício de origem: conceder "*um privilégio ontológico ao indivíduo constituído*" (Simondon, 2020a, p. 13) que faz com que o pensamento seja "tensionado para o indivíduo completo [...]" (Simondon, 2020a, p. 15).

O privilégio ontológico do indivíduo constituído pressupõe um princípio de individuação que, em vez de adotar o ponto de vista da operação, supõe a individuação como uma explicação que jamais veremos operar como tal. O esquema hilemórfico brinda-nos com um sistema de classificação que permite cotejar intelectualmente o que, em um indivíduo já engendrado, corresponde à sua matéria constitutiva, e o que corresponde à sua forma constituinte, mas não nos permite acompanhar o processo dinâmico e singular de engendramento pelo qual dado indivíduo vem a ser, senão de forma obscura.

Reverter o privilégio ontológico do indivíduo constituído em benefício de um caráter processual e constituinte do ser é precisamente o que Simondon entende por ontogênese: "o caráter de devir do ser" (Simondon, 2020a, p. 16) que, fora do modelo da substância, corresponde ao próprio ser que, longe de corromper sua essência, conserva-se no devir.

A noção de ontogênese como processo pelo qual o ser coincide com seu próprio devir é a consequência da reviravolta que Simondon opera no princípio da individuação. Com ela, o privilégio ontológico do indivíduo constituído é deslocado para o seu processo de constituição, em relação ao qual as noções de matéria e forma são impotentes ou confusas: "Para dar uma tal forma", escreve ele sobre a operação técnica de fabricação de tijolos de argila, "é preciso construir *tal* molde *definido*, preparado de *tal* jeito, com *tal* espécie de matéria" (Simondon, 2020a, p. 41).

A tecnologia da tomada de forma demonstra que "a forma e a matéria do esquema hilemórfico são [...] abstratas" (Simondon, 2020a, p. 40). Isso se explica por três razões: primeiro, porque a argila, com suas propriedades coloidais, está carregada de formas implícitas ou potenciais. Segundo, porque o molde não é uma forma abstrata, mas um molde concreto, que precisa ser fabricado em termos materiais; e terceiro, porque a operação de produção de um tijolo real não se dá com um encontro abstrato entre forma e matéria que produziria, não se sabe muito bem como, *um tijolo*. O essencial é a "*operação* técnica efetiva" que institui "uma relação entre uma determinada massa de argila e paralelepípedo" (Simondon, 2020a, p. 40).

Assim, Simondon avança sobre uma compreensão do ser radicalmente distinta daquela alimentada quer pelo atomismo, quer pelo hilemorfismo (Combes, 2017, p. 26). Para ele, o ser não possui unidade ou identidade, nem pode corresponder a um estado de coisas estável, que seria fustigado do exterior pelo advento do devir. Ao contrário, o devir é uma dimensão interna de um ser polifásico, que se alastra tanto por defasagem quanto por excesso, de maneira que a individuação já não pode ser adequadamente apreendida a partir do ser individuado, mas apenas a partir do processo de individuação que o envolve e constitui.

Trata-se de pensar o indivíduo como uma mera fase do ser que não o esgota ao produzir-se, e pensar o ser como "sistema tenso, supersaturado acima do nível da unidade, que não consiste unicamente em si mesmo e não pode ser adequadamente pensado mediante o princípio do terceiro excluído [...]" (Simondon, 2020a, p. 17). Isso significa substituir à oposição entre estável (repouso) e instável (movimento), a noção de *equilíbrio metaestável*, que implica um sistema constituído de forma relacional e cujo equilíbrio pode ser rompido "pela menor alteração de seus parâmetros" (Combes, 2017, p. 28).

O ser já não é o composto em repouso, engendrado pelo encontro obscuro entre matéria e forma. Ele se tornou uma estrutura individuada, constituída por relações compreendidas não como meras conexões entre termos exteriores uns aos outros, mas como relações de "não-identidade do ser com relação a si mesmo" (Simondon, 2020a, p. 28). Ele se individua junto a um meio "atravessado por uma tensão entre duas ordens extremas de grandeza" (Simondon, 2020a, p. 17) que a individuação põe em comunicação e o indivíduo medeia ao devir.

Tomado de um ponto de vista ontogenético, o ser se compõe, portanto, de duas metades díspares. Uma realidade individuada, estruturada e em ato, que corresponde à dimensão do ser manifestada como fase ou enteléquia em estado metaestável, que não esgota toda a energia potencial do ser. Outra, pré-individual, potencial, energeticamente carregada e latente, que constitui a promessa da amplificação do ser em um devir que ao mesmo tempo defasa e ultrapassa o seu ser *fasado* atual. É nesse sentido que Simondon pode dizer que o ser excede sua unidade, e que "o ser enquanto ser está dado inteiro em cada uma das suas fases, mas com uma reserva de devir" (Simondon, 2020a, p. 472) – por dispensar a representação da individuação como um princípio e abraçá-la como operação.

[Pragmática das singularidades]

Não cessamos de repetir uma das teses de Deleuze, a qual enuncia que "a jurisprudência é a filosofia do direito, e procede por singularidade, por prolongamento de singularidades" (Deleuze, 2008, p. 191). Embora ela tenha sido razoavelmente desenvolvida ao redor do conceito de jurisprudência pela literatura secundária, conheceu pouca ou nenhuma elaboração quanto ao seu sentido específico.[14]

O que Deleuze quis dizer com "procede por singularidade, por prolongamento de singularidades"? Essa fórmula

[14] É o caso de Lefebvre (2008) e Mussawir (2011), por exemplo. Neste ponto, é preciso fazer uma exceção a Sutter (2009), que desenvolveu uma casuística, uma tópica e uma axiomática como dimensões clínicas da filosofia do direito deleuziana sem, no entanto, correlacioná-la ou atribuí-la ao pensamento de Simondon.

contém uma clara ressonância do tema da individuação simondiana, mesmo porque seu enunciado remete à dimensão "problemática" que a constitui. O contexto em que Deleuze enuncia essa tese é político. Alude ao devir das pessoas, dos movimentos concretos das lutas nos Estados de não direito (como a questão Palestina), e sua consequente inibição – seja pelos códigos de direitos, seja pela extorsão de consensos – nos Estados de direito:

> Nos estados de não- direito o que conta é a natureza dos processos de libertação, forçosamente nomádicos. Nos Estados de direito, não são os direitos adquiridos e codificados que contam, mas tudo aquilo que atualmente constitui um problema para o direito, tudo o que leva as conquistas a correrem risco permanente de serem novamente questionadas. Não nos faltam tais problemas hoje, o código civil tende a rachar por todos os lados, e o código penal conhece uma crise igual à das prisões. O que é criador de direito não são os códigos ou as declarações, é a jurisprudência. A jurisprudência é a filosofia do direito, e procede por singularidade, por prolongamentos de singularidades (Deleuze, 2008, p. 191).

O excerto final evoca um diagnóstico ao qual Deleuze retornará no "*Post-scriptum* sobre as sociedades de controle", ainda fazendo vibrar um vocabulário simondiano. Ali, enquanto as disciplinas se caracterizam por confinamentos, "*moldes*, distintas moldagens", que remetem ao modelo hilemórfico que Simondon desafiará, os controles implicam "uma *modulação*" (Deleuze, 2008, p. 221).

Os controles já não se exercem na forma abstrata do par matéria-forma, como formas de lei que organizariam ativamente uma matéria receptiva, passiva e inerte. Os controles engendram modulações, singularizações, individuações, transduções e variações contínuas num material de conteúdo-expressão. Saímos do esquematismo transcendental das leis, das moldagens dos confinamentos disciplinares, para entrar no expressionismo imanente dos controles ilimitados.

Esse é o contexto ao qual a ideia da jurisprudência, como filosofia do direito que procede por "prolongamento de singularidades", se refere. Isso faz dessa tese mais do que um enunciado sobre o direito *tout court*. Ela capta como o direito é afetado pelas transformações que se processam no campo social.

Que Deleuze veja os códigos racharem por todos os lados, e diagnostique a crise generalizada dos meios de confinamento, é para afirmar que uma mutação das formações sociais, consistente na passagem das sociedades disciplinares às de controle, provoca transformações no direito. Uma mutação que traz consigo novas promessas de sujeição, mas não sem liberar simultaneamente novos ângulos de ataque e novas práticas possíveis de liberdade. Embora as lutas se apoiem nos axiomas – sob condições diversas em Estados de direito e de não direito –, é para a condição metaestável e problemática da formação social presente que precisaríamos dirigir nossa atenção.

Nesse proceder "por singularidade, prolongamento de singularidades" caberia a individuação simondiana inteira. Ao atribuir à jurisprudência esse modo de proceder, Deleuze evoca a categoria simondiana de *transdução*, que pode ser definida como "uma operação – física, biológica, mental, social – pela qual uma atividade se propaga de próximo em próximo no interior de um domínio. [...] cada região de estrutura constituída serve de princípio de constituição para a região seguinte

[...]" (Simondon, 2020a, p. 29). Ela se caracteriza por supor "uma transformação de estruturas a partir de seu dinamismo interno", enquanto a modulação "implica uma mudança parcial, lenta, 'administrada de fora', que certamente utiliza aquele dinamismo [transdutivo] para constrangê-lo a um regime de câmbio moderado" (Rodríguez, 2019, p. 366).

A noção de transdução atravessa todos os paradigmatismos simondianos da individuação, desde o modelo físico da cristalização até a individuação coletiva ou transindividual, passando pelas individuações vital e psíquica. Simondon não se cansa de demonstrá-lo. Por exemplo, ao dizer que a operação transdutiva é "o fundamento da individuação em seus diversos níveis" (Simondon, 2020, p. 33). Ou, ainda, ao recusar que sua filosofia da individuação disponha de um solo ontológico comum, remissível a um substancialismo primeiro.

O paradigmatismo que ela reivindica no âmbito da teoria do conhecimento baseia-se na possibilidade de transpor "uma estrutura particular conhecida [...] a uma outra estrutura particular desconhecida [...]" (Simondon, 2020a, p. 564). O que torna isso possível é "a transferência de operação [ser] validada por uma identidade de nexos operatórios reais [...]" (Simondon, 2020a, p. 564). Ou, ainda, quando afirma que a operação de modulação é uma hipótese que "merece ser aplicada aos diferentes tipos de tomada de forma, desde a ontogênese e a filogênese até os fenômenos de grupo, e deve permitir ressaltar neles processos de interação conforme o esquema da modulação, de maneira geral segundo um modo transdutivo" (Simondon, 2020a, p. 595).

Diante da transdução simondiana, Deleuze pode então abandonar espetacularmente toda concepção hilemórfica do direito e da jurisprudência das sociedades disciplinares. Já não se trata de julgar: nem subsumir fatos materiais a formas jurídicas, nem moldar com normas os materiais informes da vida ordinária.

A jurisprudência é uma operação de individuação, e nessa medida é criadora de direito – não de " direitos", como querem Patton (2000) e Lefebvre (2008). Cada operação da jurisprudência *individua* o direito de novo, e outra vez. Um tipo ontogenético de invenção cujo material são as singularidades disponíveis, suscetíveis a prolongamentos inéditos, que nada, nem ninguém, pode pretender dirigir integralmente.

Se a noção de jurisprudência implica uma versão humeana e inventiva da instituição, é porque a ideia simondiana de transdução permite perceber os modos concretos e operativos como essa invenção se processa. Só se pode dizer que a jurisprudência ou a instituição possuem um caráter inventivo porque operam seus meios oblíquos de satisfação de tendências por transdução e prolongamento, não por limitação. Porque prolonga singularidades, a transdução é a invenção e a vida da instituição.

Tudo nessa tese deleuziana tem um perfume simondiano. Em 1966, quando resenha *L'Individu et sa genèse physico-biologique*, Deleuze atribui a Simondon o mérito de ter distinguido rigorosamente entre singularidade e individualidade, bem como o dom de ter caracterizado o estado de metaestabilidade de um sistema como condição prévia da individuação.

Isso permitia definir o ser pré-individual como "perfeitamente provido de singularidades que correspondem à existência e à repartição dos potenciais" (Deleuze, 2006b, p. 118) em um sistema metaestável: "Singular sem ser individual, eis o estado do ser pré-individual. Ele é diferença, disparidade, disparação", uma concepção que caberia aproximar "de uma teoria das quantidades intensivas" (Deleuze, 2006b, p. 118).

Não é coincidência que a frase que Deleuze usa em 1966 para descrever a noção simondiana de sistema metaestável ("Singular sem ser individual") seja relativamente isomórfica à fórmula de *Diferença e repetição*, de 1968, sobre o *virtual*: "Real sem ser atual; ideal sem ser abstrato" (Deleuze, 2006a, p. 231).[15]

Se levarmos isso a sério, o contexto essencialmente problemático ao qual a tese deleuziana sobre o direito se refere ganha espessura. Especialmente, porque Deleuze credita a Simondon a renovação da categoria do *problemático*. Ela já não designaria um estado provisório, indeterminado, subjetivo e negativo do conhecimento, mas teria adquirido uma consistência objetiva: "um momento do ser, o primeiro momento pré-individual" (Deleuze, 2006b, p. 119) diante do qual a individuação funciona como uma resolução parcial, relativa e aberta a ulteriores tensões e individuações.

Se o *problema* se torna a categoria central do direito, é na medida em que este se torna uma operação ontopoiética e política – ou como Simondon (2020a, p. 569) preferia qualificar a alagmática, "axiontológica" (isto é, o que une as dimensões do valor e do ser). O direito é tanto um esquematismo aberto e inacabado dos corpos quanto um expressionismo do desejo e das lutas. Isto é, a sua jurisprudência. A distinção que Deleuze (2008) introduziu entre um direito das disciplinas (moldes hilemórficos) e um direito das sociedades de controle (modulações intensivas) nos anos 1990, pressupõe o estatuto do problemático como o meio da configuração mais recente.

[15] Cf., porém, a completa observação de Anne Sauvagnargues (2009) sobre a especificidade da apropriação deleuziana.

O problema e o problemático nada mais designam, em Simondon, que uma relação de disparação, tensão, conflito ou incompatibilidade entre duas ordens de grandeza: o molar e o molecular, a estrutura e a singularidade, o meio saturado e o gérmen estrutural.

A essa tensão corresponde uma distribuição de singularidades carregadas de energia potencial real, de capacidades transformativas tão iminentes e concretas que Simondon as associa a um estado pré-revolucionário: "um estado de supersaturação, [...] aquele no qual um acontecimento está totalmente pronto para se produzir, no qual uma estrutura está totalmente pronta para surgir; basta que o gérmen estrutural apareça e, às vezes, o acaso pode produzir o gérmen estrutural" (Simondon, 2020a, p. 604).

Os problemas comportam linhas de fratura e precipitação de sistemas metaestáveis, caracterizados pela tensão conflitiva e riqueza informacional de um meio que é "uma rede, um esquema, algo de uno e de múltiplo ao mesmo tempo, que contém uma correlação entre os termos diferentes, uma rica correlação [...]" (Simondon, 2020a, p. 593).

As singularidades não são pessoas, coisas, sujeitos ou objetos. Estes são efeitos e esquematismos *a posteriori* de distribuições dinâmicas de sentido cujas operações fundamentais o hilemorfismo jurídico obscureceu. Mais do que nexos entre termos pré-constituídos, as singularidades são relações intensivas que têm estatuto de *ser*. São tensões de informação que percorrem e constituem o molar (caracterizado pela metaestabilidade do meio informável) e dão consistência ao molecular (definido pela tensão informacional do gérmen estrutural). Esse conjunto de relações está à espera de uma operação de modulação, ou de transdução. Assim, estrutura e gérmen se individuam reciprocamente, e descobrem os termos do problema que os envolve de acordo com o andamento da invenção que encarnam.

Todo problema tem por destino conhecer uma nova estruturação resolutiva na medida em que uma operação transdutiva descobre os termos do problema (isto é, a intensidade das tensões constitutivas) e avança de regiões já informadas àquelas ainda não informadas. Seu cumprimento, todavia, não esgota sua reserva pré-individual. Trata-se de estruturações resolutivas inacabadas e precárias, abertas e suscetíveis de novos tensionamentos segundo transversais inéditas.

É o que Deleuze (2004) parece ter em mente quando diz, no *Abécédaire*, que as revoluções podem fracassar, mas sempre colocam os problemas e as situações em novos termos. Elas produzem estruturações paliativas, abertas, precárias, de direito *ilimitadas* – são os prolongamentos de singularidades. Produzem novos termos e problemas porque fazem tudo entrar em novas relações, em tensões extraordinárias.

Singularidade e prolongamento, disparidade e propagação, disparação e amplificação. Essa proliferação sinonímia só pode ser explicada de forma global como processos ou operações de transdução, e levando em conta as noções de problema e sistema metaestável. Com sua tese sobre o direito, Deleuze não quer aproximar o direito da jurisprudência, dos juízes ou dos sistemas de justiça, tais como estes existem sociologicamente. O que está em jogo, na verdade, é o seu mais radical questionamento.

Ao suscitar uma jurisprudência que procede por singularidades e seus prolongamentos, Deleuze tenta avançar a ideia poderosamente simondiana de que o direito é a operação transdutiva, intensiva e inventiva que ocorre em um sistema metaestável povoado de singularidades pré-individuais. Jurisprudência não passa do *nomen juris* que recebe uma transdução específica. Aquela que coincide com uma operação de prolongamento de singularidades pré-individuais, tensionadas e de estado sistêmico metaestável; que se individua numa solução incompleta e precária, sujeita a prolongamentos futuros, ao mesmo tempo que faz aparecer ou modifica uma estrutura.

O direito então envolve uma operação, uma técnica alagmática e transindividual que trabalha a quente com singularidades intensivas – não com sujeitos e objetos preformados nem com formas e fatos jurídicos pré-constituídos. Direito como operação relacional que faz existir os termos que sua operação relaciona, mesmo porque "a relação é uma modalidade do ser" que "assegura a existência dos termos aos quais é simultânea" (Simondon, 2020a, p. 28).

Não se trata de simples conexão entre termos já existentes, mas, literal e ontogeneticamente, *a relação é existência entre os* termos porque é a *existência dos* termos mesmos. A tese de Deleuze fabrica uma noção de direito como relação ontogenética que nem mesmo o próprio Simondon elaborou como tal,[16] e é isso o que faz com que se possa relacioná-la ao direito numa operação teórica selvagem. É o que faz de Simondon um intercessor.

[16] "O direito", escreve Simondon (2013, p. 178), "com o conjunto de um universo jurídico, é um dos desenvolvimentos contemporâneos da formalização da ação [...]. Em cada época, as invenções normativas operam um descobrimento de compatibilidade para modos de existência que não tinham sentido nem ponto de inserção nas estruturas normativas precedentes". A esse propósito, Gonzalo Aguirre (2019) observa que a compreensão simondiana de direito liga-se a uma lógica metrológica cuja formalização cristalizadora de modos de existência acaba por separar os objetos normativos do modo relacional, afetivo-emotivo, do qual de fato procedem.

[Como funcionam os agenciamentos jurídicos?]

Retornemos ao concreto para analisar dois casos exemplares de agenciamentos jurídicos. Apesar da sua dimensão institucional, os problemas que despertam são exemplares tanto pelos materiais que fornecem quanto por tornar visível que a jurisprudência, como operação de transdução ou de prolongamento de singularidades, é um processo social que excede a dimensão institucional e judiciária.

Esses casos elucidam o funcionamento dos agenciamentos jurídicos *tout court*. Ao mesmo tempo, ajudam a integrar de maneira concreta uma série de questões que os últimos capítulos deixaram pelo caminho. Em primeiro lugar, como a linguagem se desdobra das palavras de ordem nos agenciamentos jurídicos. Em segundo lugar, como eles envolvem situações problemáticas portadoras de gérmens estruturais e de singularidades passíveis de amplificação. Em terceiro, como as operações da jurisprudência atribuem sujeitos no direito, cujos modelos podem ou não estar previstos em soluções institucionalizadas.

Em 04 de maio de 1976, a U.S. District Court for the Eastern District of Missouri julgava o caso *DeGraffenreid v. General Motors* (Estados Unidos da America, 1976). Nele, cinco mulheres negras processavam a General Motors Corporation, uma conhecida indústria automobilística, alegando que sua política de demissão, baseada no critério de antiguidade na empresa (*last hired – first fired*), discriminava mulheres negras.

Esse caso é percorrido por dois usos da jurisprudência em disparação. Um deles é axiomático, feito pela corte, e mobiliza o sistema de precedentes e a *statute law* relativos às discriminações de gênero e de raça. O outro, feito pelos advogados das mulheres negras, engendra um uso revolucionário da jurisprudência.

Após analisar a questão, a corte do distrito leste do estado do Missouri não reconheceu teor discriminatório na política demissional da General Motors. A decisão baseou-se no fato de que nem as demandantes, nem a corte conseguiram demonstrar a existência de qualquer precedente jurisprudencial que reconhecesse a discriminação baseada simultaneamente nos fatores de gênero e de raça.

Ao mesmo tempo, na interpretação da corte, as proteções legais contra discriminação de gênero e de raça seriam específicas e exclusivas. Nada na legislação vigente ou no sistema de precedentes jurisprudenciais autorizava o emprego daquilo que a corte distrital chamou de "super-remédio", derivado da combinação das duas proteções antidiscriminação evocadas.

Por outro lado, a proposição mesma da demanda fazia um uso revolucionário da jurisprudência, e tomava a forma de uma questão pragmática ligada a um agenciamento concreto complexo do tipo subjetividade-meio ou gérmen--estrutura. Assim, a demanda por uma proteção de caráter interseccional contra discriminações de gênero e raça, naquele caso, estava longe de ser uma postulação abstrata ou identitária. Ela servia como catalisadora da autoconstituição de um novo foco de lutas no terreno da subjetivação. Acelerava a formação de um grupo de usuárias no prolongamento e no emaranhado de lutas que as precederam.

O pedido se entrelaçava aos efeitos hiperlocais de uma crise mundial que possuía pelo menos três dimensões. A crise do modelo fordista de produção e das políticas de *workfare*. A crise monetária, da desvalorização do dólar, que culminou na desindexação entre a moeda estadunidense e o ouro como lastro referencial, em 1971. E, por fim, a primeira onda da crise do petróleo, de 1973.

O entrelaçamento dessas três crises mundiais – do fordismo, da moeda e do petróleo – individua o contexto da política de demissões na General Motors Corporation. Subtraído desse contexto concreto, o critério de antiguidade adotado pela GM não era, em si mesmo, discriminatório de gênero ou raça. Mas tudo mudava de figura quando ele era religado a duas circunstâncias históricas indispensáveis à configuração da demanda.

No sistema fordista norte-americano, o grupo das mulheres negras conheceu uma integração mais tardia ao trabalho remunerado do que o das mulheres brancas e o dos homens negros e brancos (Creenshaw, 1989). Nesse sentido, a política de demissões da GM era cega às particularidades e fingia ignorar que nunca estivemos na *original position* rawlsiana (Rawls, 1971). O problema é que essa cegueira voluntária prolongava uma iniquidade na integração de mulheres negras ao modelo do trabalho assalariado, precisamente quando a dinâmica do pacto fordista-keynesiano começava a falhar por todo lado.

Em um recorte meramente abstrato, a corte do Missouri teria razão em afirmar, por um lado, a inexistência de precedentes e o focalismo da legislação sobre discriminação. Por outro, a impossibilidade de derivar daí um "super-remédio". Porém, ao fazê-lo, contentava-se com uma operação da jurisprudência que só era capaz de atribuir sujeitos preexistentes no plano dos direitos e das proteções legais. Isso resultava em representar as mulheres e os negros abstratamente, como grupos separados e com interesses que não poderiam se sobrepor.

Trata-se menos de um problema de teoria dos direitos ou da adjudicação, ou mesmo do abstrato direito ao reconhecimento de identidades pré-formadas. O que é bloqueado por um uso axiomático da jurisprudência é o estatuto propriamente problemático do caso com seus possíveis, uma questão de percepção e da repartição do sensível (Rancière, 1995).

Isso se torna mais evidente quando o problema que o caso veicula só pode ser solucionado pela transdução de todo um agenciamento jurídico – e essa transdução procede de um gérmen estrutural, ou de uma singularidade, que se prolonga no *meio* específico de um determinado caso, e assim *inventa* uma nova dinâmica de subjetivação para um grupo de usuárias.

Se considerarmos o agenciamento jurídico concreto, em que as três crises disparam ajustes no diagrama geral do acesso assalariado à renda, a demanda concreta exigia uma jurisprudência capaz de instituir uma tomada de forma inédita na subjetivação. Não se trata de reconhecer um grupo de usuárias, mas de percebê-lo como tal. Isso só acontece quando os corpos começam a fazer jurisprudência, e a modular o material institucional-legal *no meio* em que afirmam o seu "fazer existir". E isso, por vezes, se faz na contracorrente dos axiomas e apesar deles.

Assim, um novo grupo de usuárias emerge num agenciamento jurídico que não pode existir como singularidade fora de sua relação com as três crises, com a memória recente das lutas pelos direitos civis da população negra nos Estados Unidos, com a política empresarial de dispensas e com uma componente interseccional de subjetividade. Um caso que promovia, na espessura transversal e concreta de um agenciamento jurídico, uma nova palavra de ordem e uma nova atribuição dos sujeitos no direito. Ambos, incompossíveis com uma axiomática que se pretendia completa e finalizada.

***

Um outro caso, inteiramente diferente, tem lugar na suprema corte do Reino Unido em fevereiro de 2021. Trata-se de *Uber BV and others v. Aslam and others*. Um recurso que se originou de um caso trabalhista de 2016 por meio do qual motoristas de Uber do Reino Unido visavam obter o reconhecimento do seu estatuto de empregados (Reino Unido, 2021).

A Uber é uma plataforma O2O (*online to offline*). Seu modelo de negócio é construído em torno da conectividade imediata e de plataforma, gerenciada por algoritmos, entre usuários situados em duas pontas. Por isso, os atos jurídicos que unem os usuários à plataforma – a qual se encarrega de regulamentar e promover a certeza e a segurança das conexões entre usuários, retendo uma "taxa de fricção" por isso –, os trata a todos indistintamente, como *independent contractors*. Nesse sentido, a plataforma se apresenta como a conexão estruturada entre fluxos de mobilidade, liberdade e autonomia que percorrem as malhas viárias.

Apesar dessa indistinção formal, para que o agenciamento sociotécnico da Uber funcione, dois tipos de usuários precisam ser integrados em sua plataforma: um, que toma o serviço de transporte particular numa rota definida; outro, que oferta o serviço de transporte em rotas moduláveis. Só assim a infraestrutura plataformizada proporciona o encontro de dois clientes e, mais do que isso, pode mediá-lo e estruturá-lo.

Todo o problema jurídico vai aparecer em um grupo específico de usuários, os motoristas do Reino Unido. Ele toma forma a partir da disparação entre o modelo de subjetividade contratada pela Uber (o dos "contratantes independentes") e o modelo de subjetivação efetivamente engendrado no grupo de motoristas (o de funcionários de plataforma).

O argumento dos motoristas era claro. Os algoritmos que configuram a economia de plataforma gerida pela Uber governam suas condutas tanto quanto um patrão da era das disciplinas fabris – apenas usam meios técnicos diferentes e impessoais. E essa circunstância, a seu ver, deveria colocá-los sob a proteção da legislação trabalhista do Reino Unido.

A suprema corte do Reino Unido, então, reconheceu o estatuto de empregados aos condutores da Uber. Ao fazê-lo, compreendeu uma série de condições de operação que permitiam a analogia entre motoristas da Uber e empregados assalariados em sentido amplo. De fato, a empresa controlava sua remuneração. Uma vez vinculados à plataforma, os motoristas obrigavam-se por termos inegociáveis de prestação de serviços, devendo seguir estritamente suas políticas. Por fim, a corte reconheceu que a Uber exercia um vasto controle sobre as ações dos motoristas, formalizando-as. Seus algoritmos e seu sistema de avaliações funcionavam de forma integrada como instrumentos de incitação e modulação do trabalho, bem como de controle e penalização de motoristas.

Estamos diante de um agenciamento completamente diferente do feminismo negro interseccional. Não por seus efeitos, mas pela maneira como as variáveis se articulam. No caso *Uber BV and others v. Aslam and others*, a crise de fundo é a dos *subprime loans*, que se distende de 2008 a nossos dias, e envolve a um só tempo a política mundial de *quantitative easing* (a emissão global de imensos volumes de moeda), a crise interna ao capitalismo cognitivo – que se reinventa no capitalismo de plataforma como uma alternativa ao baixo crescimento desde 2008 (Srnicek, 2017) –, e não apenas a perda do trabalho garantido ou a sua precarização, mas o fato de que o trabalho e a renda foram desindexados do regime regulado de assalariamento (Cocco, 2012).

Tudo isso determina que, no eclipse global da renda proveniente da relação salarial formal e do trabalho garantido – o que supõe a progressiva corrosão do *welfare* –, haja uma selvagem liberação planetária de fluxos de microtrabalho. Isso torna possível que esses fluxos possam ser capturados por plataformas O2O listadas em bolsas internacionais irrigadas por moeda nova. O exercício do microtrabalho pode ter se tornado a principal fonte de renda dos motoristas, ao mesmo tempo que, por toda parte, eles se incorporam cada vez mais como importantes vetores da circulação logística de pessoas, bens e serviços nas grandes metrópoles.

Para esse grupo de usuários, não se trata de fazer um uso revolucionário da jurisprudência, a exemplo do caso que inspirou o feminismo negro. Trata-se de fazer um uso subversivo da axiomática: obter o tratamento prático de um *operário de plataforma*. Esse é um gesto, sob todos os aspectos, mais reativo do que inventivo, na medida em que ele reativa um tipo de subjetivação jurídica preexistente e em franca desarticulação nas metrópoles do capital cognitivo e financeiro.

Por outro lado, ao menos do ponto de vista formal, ele se revela inventivo. Não porque inventa uma palavra de ordem jamais vista, mas na medida em que reivindica uma palavra de ordem que já existe para uma nova situação – e, com isso, bascula todo um regime sociomaterial e de signos que permitiria tratá-los como *independent contractors*. Um juízo que já existe formaliza um conjunto de relações emergentes por analogia, o que as "faz existir" numa certa axiomática.

Nas mãos dos juízes e das cortes, a jurisprudência só admite a recursividade, o movimento de parada ou o prolongamento de uma palavra de ordem que é, também, um ponto de vista que julga a vida e emite uma sentença de morte (Deleuze e Guattari, 1995b) ao atribuir sujeitos no direito. Por outro lado, nas mãos dos grupos de usuários, a jurisprudência pode se tornar uma verdadeira filosofia do campo social.

Ela é operada tanto sob a forma da subversão axiomática, como no caso Uber, quanto ao modo de um uso revolucionário que inventa novas dimensões da subjetividade em meio às operações do direito – e sem se esgotar nas operações do direito. É o exemplo do feminismo negro interseccional. Aí, a jurisprudência opera uma transdução das palavras de ordem e dos efeitos incorporais ("um negro", "uma mulher") em uma nova variação combinatória ("um grupo de mulheres negras"), concreta e incompossível com a máquina abstrata do direito ou do capital. É aí que não apenas os corpos fazem jurisprudência, mas se passa do direito à política: da jurisprudência aos corpos.

A essa nova atribuição de sujeitos no direito (mulheres negras, operários de plataforma ou o que seja) não é indispensável nem o reconhecimento, nem a proteção dos direitos, embora isso seja desejável. Não há "lutas por reconhecimento", feitas por grupos de sujeitos já constituídos, prontos e acabados. Tudo o que existe são lutas que individuam, e individuações nas lutas. Da mesma forma, tudo o que existe não são sujeitos de direitos, mas atribuições de sujeitos *no* direito. Esquematismos e expressionismos das lutas.

Por isso, basta que o direito opere os vínculos onde antes não havia, esquematize as relações de tensão entre o gérmen e a estrutura, prolongue uma palavra de ordem que já não faz sentido, deixe a porta aberta a uma nova palavra de ordem que ainda não existe. Não importa que as lutas alcancem ou não "os direitos". Só importa que o direito seja um meio expansivo para as lutas, um meio de cultura e um *milieu* de contágio e propagação.

A jurisprudência prolonga e mistura o agenciamento social do qual ela recebe o seu sentido ao agenciamento jurídico no qual ela se enuncia. Uma nova palavra de ordem pode nascer ou ser reativada por essa variação de conjunto e, por sua vez, pode produzir, por meio das operações do direito – por meio do prolongamento de uma singularidade que se amplifica em suas zonas contíguas ou de vizinhança – uma variação que transforma a unidade e a totalidade metaestável de um determinado regime de signos.

[Ficções operando o real]

Não é por amor ao realismo que retornamos ao concreto, mas pela paixão às ficções que instauram o real. O que enfada em toda forma de realismo é o encontro pouco frutífero entre uma convencionalidade previsível, a presunção filosoficamente duvidosa de que o mundo pode ser descrito a partir de um elo simples entre as palavras e as coisas e uma tendência política conservadora (Wood, 2014).

Contra esse conjunto de convencionalidades, precisamos perceber que todo realismo se alimenta de um irrealismo mais profundo e radical. Todo realismo simples brinda-se de antemão com o que deveria instaurar: séries de relações estáveis entre palavras e coisas, em que cada palavra designa, sem equívoco possível, uma coisa dada, certa e determinada.

A operação própria ao realismo consiste em decalcar a coisa na palavra por intermédio da linguagem. O realismo não só não constitui um gênero realista como se reduz a um sistema de convenções, a um "código de representação". Eis o que traduz, segundo Roland Barthes (1992, p. 109), o sentido de "real" para o realismo, e que ignora que "o discurso não tem nenhuma responsabilidade em relação ao real".

Por isso, o real não pode, aqui, ser mais do que um referente de significação. Como Barthes percebeu, o realismo jamais remete a um código de execução. Ao contrário das palavras nas esferas da magia ou do direito, o real do realismo romanesco não é operável. Eis o que faz dele a menos real das realidades.

Em vez de bradar que "o realismo não passa de uma gramática ou de um conjunto de regras que obscurece a vida", James Wood (2014, p. 187) prefere ultrapassar o problema do caráter referencial da ficção para afirmar seu caráter imaginário. O que a ficção romanesca nos pediria não é que acreditássemos nas coisas em sentido filosófico, mas que fôssemos capazes de imaginá-las em um sentido artístico. A ficção conduz a uma experiência sensória enquanto a crença filosófica permanece abstrata.

Isso significa atribuir à ficção a tarefa – a olhos vistos platônica – do que Wood chama de persuasão mimética: "a tarefa do artista é nos convencer de que aquilo podia ter acontecido" (Wood, 2014, p. 192). Esta é a métrica do realismo romanesco. Não descrever o mundo, mas persuadir a sensibilidade da realidade de uma afecção possível, independente do real. Sob a tarefa de produzir uma afecção independente do real, tanto a ficção ainda pode esconder realidades palpáveis quanto realidades palpáveis podem ser o esconderijo para ficções ainda mais reais.

***

Ao conceituar "fato social", e ao conclamar os sociólogos a tratar os fatos sociais como coisas, Durkheim (2007) tornava inviável pensar a factibilidade do social independente da ordem que lhe servia de suporte. Nesses termos, a sociologia durkheimiana não teria tornado inteligíveis os fatos, ou o social, mas a ordem que dá suporte a essas categorias.

Gabriel Tarde, contemporâneo e adversário teórico de Durkheim, afirmava, por sua vez, que em vez de tratar os fatos sociais como coisas, seria preciso tratar as coisas como fatos sociais. As coisas e os fatos, seriam constituídos pelas associações e relações que os precedem (Tarde, 2007, p. 81).

Com isso, Tarde não procura transformar o social em um domínio simbólico específico, nem distingui-lo por natureza em uma ordem coletiva ao estilo de Durkheim. Ao afirmar que todas as coisas são sociedades, todos os fatos se tornam sociais (Latour, 2002), e a realidade a investigar passa a ser a das relações de composição que constituem as coisas. Um fato ou uma coisa já não são analisáveis em função de uma ordem prévia, mas de suas forças sociais de composição e mutação.

Em *Monadologia e sociologia*, a partir de uma inclinação ao infinitesimal, o mundo será descrito como uma entredevoração de seres em que o elemento social é "um verdadeiro caos de heterogeneidades discordantes" (Tarde, 2007, p. 99). Nada parece mais longe da trama representativa e coesa de coerções que fundia o coletivo na obra de Durkheim.

No epicentro da polêmica contra a sociologia do último, Tarde não cessa de recusar o caráter real do "eu coletivo" atribuído a grupos sociais. Algo assim não passaria de uma metáfora, e esconderia uma representação capaz de injetar na disciplina do social precisamente o que teria sido preciso explicar, "a similitude de milhões de homens" (Deleuze e Guattari, 1996, p. 98).

Se "a realidade [...] está em conformidade com a explicação do finito pelo infinitesimal" (Tarde, 2007, p. 59), se as ciências tendem a se converter em um ramo da sociologia, e se mesmo a filosofia merece ser reformada para evitar a vã ontologia que prende toda especulação ao engano do verbo Ser, é porque Tarde não confrontava apenas uma escola sociológica, mas todo um modo de compreender a realidade e a sua gênese.

Em *Les transformations du droit* (1983), a realidade é tecida segundo uma ordem vertiginosa que permite descobrir toda coisa real ou possível no fundo de cada coisa, e que estabelece uma relação de solidariedade material e de copertença entre o infinitesimal e o macroscópico. Admiti-lo provoca uma subversão em múltiplos níveis, porque torna novamente possível questionar os regimes de representação das ciências, da sociologia e da filosofia a partir do social, que passa a ser o elemento-chave que torna inteligíveis todos os movimentos constitutivos do real. Contra toda a filosofia do Ser, um único movimento colhe a realidade e a sociabilidade. Contra Hegel, *o real é social e o social é real.*

Nesses termos, as sociedades funcionam como campo de provas e modelo generalizável a todos os demais níveis da realidade. Subvertendo a proposta de Durkheim, não deveríamos tratar os fatos sociais como coisas, mas sim tratar as coisas como fatos sociais.

Isso permitiria explicar como agentes e elementos múltiplos podem coexistir com realidades razoavelmente estáveis, reguladas e estruturadas. No entanto, não seria possível lançar luzes sobre essa realidade infinitesimal mais profunda sem denunciar o engano das filosofias do ser, que tomavam a substância por realidade última, e o excesso das ciências, que reduziam o real à manifestação extrínseca de propriedades fenomênicas isoladas.

Teria sido preciso repor o real em seu lugar. Do cosmos ao infinitesimal, passando por uma série de níveis intermédios, todos os seres se interpenetram, se entredevoram e transacionam, estabelecem relações recíprocas de possessão segundo as quais distendem – até o limite da universalização desejosamente estável – as suas diferenças características.

"Existir", afirmava Tarde (2007, p. 98), "é diferir". Então, nas sociedades humanas, no mundo natural ou nas constelações celestes, teria sido necessário perceber que a diferença, como o que há de mais próprio e a um só tempo comum aos seres, constituía "o lado substancial das coisas", seu termo inicial e final.

A diferença permite descrever o real como um universo heterogêneo, aberto e dinâmico, cujos elementos se encontram associados de forma discordante e impermanente, e no qual as regularidades, repetições, freios e leis não passam de barreiras precárias aos movimentos – nem sempre de ruptura – de variação contínua, definidos segundo as suas relações recíprocas.

Nessa medida, cada coisa está ligada a uma série de outras coisas na medida em que cada uma deseja possuir as demais, impondo-lhes a regularidade de sua diferença com avidez expansiva. Por isso, Tarde pôde afirmar que a sociedade se define pela "possessão recíproca", e que seria preciso abandonar as filosofias abstratas e substancialistas do Ser em proveito de uma filosofia do *ter* [*de l'avoir*].

A posse constituiria, nesse sentido, o fato universal. A aquisição de propriedades de um ser sobre outro – sempre metaestável – exprimiria "a formação e o crescimento de um ser qualquer" (Tarde, 2007, p. 116). Por fim, na medida em que um ser qualquer sempre remete a propriedades das quais se compõe, Tarde (2007, p. 113-114) podia concluir que "todo conteúdo da noção de ser é a noção de [ter]", de forma que "o ser é redutível ao [ter]".

Se o *ter* define um modal ontológico próprio, capaz de explicar das realidades celestes aos organismos unicelulares, das sociedades humanas ao reino vegetal, é porque os próprios elementos constitutivos da realidade só se desdobram e se expandem no existente em virtude de sua avidez, propagando-se de posse em posse. Ainda que o infinitesimal não passe, de início, de uma virtualidade, sua tendência é a de apropriar os seres exteriores a si, afirmar sua diferença, tornar-se atual e universal.

Expansivo e ávido, o infinitesimal deseja o infinitamente grande. Tudo o que é micro possui tendências ao macro, propagando-se de posse em posse, contagiando as diferenças vicinais de relação em relação. É isso o que explica que a identidade e a semelhança sejam casos raros em que uma tendência triunfa, conquista e assimila temporariamente as demais (Tarde, 2007).

Nesses termos, poderíamos reler em um sentido novo e positivo o papel das ficções jurídicas, como ficções fabricando o real. É interessante como a sociologia infinitesimal de Tarde poderia encontrar nas ficções jurídicas uma forma própria para operar no terreno da filosofia do *ter*. Se o ter pudesse efetivamente absorver a ontologia do ser por um regime dinâmico de composição de atributos e propriedades, o real comportaria duas dimensões: uma em que permaneceria preso a um regime dado de regularidades cegas, e outra em que escaparia às primeiras por meio de invenções inéditas.

Se pudéssemos generalizar o diagnóstico de Barthes sobre o realismo romanesco para todas as demais formas de realismo em nossa cultura (do realismo como atitude geral, tal como dele se apropriam à sua maneira o direito, a literatura, a historiografia, a sociologia e a ontologia tradicionais), sua incapacidade para operar o real poderia ser demovida pela ficção e pela posse.

Se Tarde estiver certo, e o ser puder ser reduzido ao ter, seria preciso compreender como as ficções implicam um modo virtual de operar possessões. A que se pode atribuir a inovação ou a expansão das propriedades de um agente? Tarde resumiria tudo à avidez própria às coisas: "Já que o ser é o [ter], segue-se que toda coisa deve ser ávida" (Tarde, 2007, p. 123).

E como atingir esse real infinitesimal, mais profundo que o real dos grandes conjuntos estáveis e homogêneos? Seria preciso lembrar que nunca pertencemos a esse mundo dos imensos conjuntos senão por um lado, "escapando por outros" (Tarde, 2007, p. 106) – menores, infinitesimais –, porque a diferença constitui o elemento primeiro e último com que o real é tecido. Por isso, reduzir o real a uma dada ordem dos fatos – sejam eles jurídicos, romanescos, documentais ou sociais – é uma forma de realismo que se sustenta em um irrealismo profundo.

Em que consiste a potência específica das ficções diante da realidade? Assim como Tarde generaliza o social como grade de inteligibilidade do existente, é possível generalizar o direito como grade de inteligibilidade de suas operações:

as ficções operando o real como uma imensa jurisprudência dos corpos...

Não sabemos o que podem as ficções. Ignoramos a sua multiplicidade virtual, sua capacidade para transacionar com as formas do existente. Só podemos nos apossar do existente, repelindo ao mesmo tempo a posse do existente sobre nós, por meio de transações ficcionais. Este é o uso político das ficções, a sua conexão mais profunda e produtiva com o real.

Alain Badiou definiu o real como "aquilo que frustra a representação", na medida em que o real constitui a condição impossível de qualquer formalização (Badiou, 2017, p. 21 e p. 30). Por isso, o real aparece comumente gravado com a marca do impossível, e ele de fato o é, considerados os limites de um dado sistema de formalização.

Isso quer dizer que o impossível com o qual geralmente se grava o real não se deve a ele, mas aos limites da formalização apesar dos quais se deseja, ainda assim, tocá-lo. E tocar o real não é roçar a superfície opaca do impasse em que um sistema de formalização nos coloca. Implica "um ato que faz a formalização se desvanecer momentaneamente em proveito de seu real latente" (Badiou, 2017, p. 33). Aceder ao real implica, portanto, destruir uma formalização parcial dada.

O que a experiência jurídica romana ensina é que o traço fundamental das ficções é serem rebeldes à ordem do ser e do não ser (Thomas, 2011). As ficções só podem ser descritas como verdadeiros operadores ontológicos, jurídicos, sociais ou romanescos na medida em que concernem à capacidade de tornar afirmativo o impossível que constitui o real em um dado sistema de formalizações. É o que está em jogo na invenção dos dispositivos de não discriminação interseccional ou da categoria do assalariamento de plataforma.

Longe de serem antípodas do real, as ficções prolongam as singularidades virtuais pelas quais o real, como um todo, escapa à regularidade das coerções materiais, aos esquemas de representações e à rigidez de um sistema de formalização qualquer.

A relação das ficções com o real é tão íntima e constitutiva que, permanecendo indiferentes aos fatos, as ficções não se opõem a eles. Elas se opõem à ordem que lhes subjaz e à trama da sua coerção, como a toda ordem de representações ou formalizações que fazem da factualidade – sinonímia de atualidade nua – seu sistema referencial monopolista.

Tanto as ficções não se opõem aos fatos que podem anulá-los, contrafazê-los ou instaurá-los, transacionando com a factualidade no seio do próprio real. Eis o que faz das ficções um operador de relações, associações e composições: a capacidade das ficções para instaurar outras ordens para os fatos, em ruptura com uma ordem atual dos fatos.

Portanto, tanto quanto as coisas são sociedades, as possessões e transações dos agentes com o existente são operadas por ficções no campo próprio do real, que uma vez definido pela realidade do ter permanece indiferente a toda ordem do ser.

Toda nova possessão, ficcionalmente transacionada com o existente, opera um rasgo em uma dada ordem dos fatos. Deixa passar um pouco do real pelas tramas coesas de um sistema de formalização. Carrega a potência para instaurar a factualidade de um novo *nómos*. Eis a potência instauradora, essencialmente social e política, das ficções.

Yan Thomas definiu a ficção como uma capacidade especial da técnica jurídica. A ficção encerra o "poder de comandar o real rompendo ostensivamente com ele" (Thomas, 2011, p. 136). Melhor do que encontrar no direito uma ontologia do comando, como quisera Agamben, seria encontrar no direito uma *ontopoiese* que, por meio de ficções operativas, dissociadas da atualidade nua dos fatos, reúne o real àquilo que ele pode – o que exige escapar e desviar do *nómos* subjacente aos fatos.

Eis a única forma de tocar efetivamente o real, para além dos esquemas de representação e dos sistemas de formalização. Se a ficção é a operação constitutiva de propriedades e possessões, a única forma de tocar o real é dar um jeito de instaurá-lo; isto é, agenciar-se ao existente, transacionar com ele, afirmar e expandir as potências de uma diferença específica.

O existente se define por uma ordem de fatos, representações e formalizações que não cessa de se afirmar como real. Sua função, como Badiou percebeu com precedência, é política: impedir que "o real mais profundo que todo real" advenha. Afirmando-se como real, uma dada ordem dos fatos erige-se como fonte formal de toda realidade possível, enquanto bloqueia ordenadamente em um impasse que o real advenha e esgarce o tecido das representações politicamente úteis.

As ficções importam finalmente tanto quanto o real porque são operadores de sua metade virtual. Longe de se opor ao real, a ficção implica uma política pela qual, antes e a despeito de todo ser, o real escapa das determinações do existente. A ficção é uma operação que encerra uma potência virtual pela qual o real escapa a si mesmo, mantendo-se na imanência de si mesmo. A aparente indiferença das ficções para com a ordem dos fatos, para com a ordem do ser e do não ser, constitui sua realidade específica como operador político-ontológico.

Se uma diferença se afirma, expande suas posses, é sempre porque uma ficção serve de operador para suas irradiações. A ficção é o instrumento técnico que manifesta a avidez de todas as coisas. Para as ficções, não se trata, porém, de operar o ser, mas de operar diretamente o real e suas virtualidades contra o ser; de operar as possibilidades de desmoronamento da ordem dos fatos, dos seus regimes de representação, de seus sistemas de formalização.

Isso explica por que as ficções eficazes geralmente são as que encarnam e distendem uma força paródica profunda. Aquelas que se instalam no existente para funcionar, com imperceptível sutileza, como o real que o ultrapassa. Mas, também, aquelas que, por meio desse gesto, mostram "direções no real que nunca teríamos encontrado sozinhos" (Deleuze, 2006b, p. 115). A ficção é mais profunda que o real porque nela o falso não se opõe ao real, mas permanece o índice de outros mundos possíveis.

TRANSINDIVIDUAÇÕES

[Equipamentos coletivos]

Não seria de impressionar que Deleuze abordasse o direito, ou a jurisprudência, como um equipamento coletivo. Esse era o termo que Félix Guattari usava no final dos anos 1970 para se desviar do vocabulário althusseriano, contrabandeando o problema dos aparelhos de Estado em uma chave que evitava de um só golpe os dualismos estruturais, os determinismos econômicos e a armadilha da clausura estruturalista.

Os equipamentos coletivos eram descritos não como estruturas ou aparelhos, mas como "modos coletivos de semiotização" (Guattari, 2011a, p. 33). Uma definição que, de resto, convém muito bem ao que poderíamos pensar do direito, também ele um modo coletivo de semiotização. Com essa conceituação, Guattari designava os processos de usinagem de tipos de subjetividades em série, que servem como pontos de partida inteiramente fabricados pela sociedade, a fim de perpetuar "a dependência inconsciente em relação ao sistema de produção" (Guattari, 1981, p. 13).

Sua função é a de produzir uma coadaptação entre usuários e usos. Eles são cristalizações de funcionamentos que se tornam gerais ao recrutarem investimentos microscópicos de desejo. Assim, não apenas organizam as condições de reprodução das forças produtivas, mas equipam inconscientes, estratificam papéis, hierarquizam a sociedade, codificam destinos.

Não se prestam a produzir ideologia, mas contaminam os funcionamentos libidinais de instituições, partidos e grupos.

Seria, entretanto, um engano acreditar que aos equipamentos coletivos corresponde o fato bruto da dominação. De modo mais complexo e nuançado, exprimem os impasses e os bloqueios estratégicos das circulações libidinais concretas. Todo equipamento coletivo é constituído por dois funcionamentos: um *continuum* que forma coletivamente a força de trabalho e corresponde às relações de produção dominantes, mas também os "agenciamentos contingentes de luta" (Guattari, 1981, p. 73) que preservam a autonomia e a heterogeneidade de seus componentes.

Nesse sentido, toda crítica a um equipamento em si é um problema mal-colocado: "Não é um equipamento como tal que deve ser julgado, mas a utilização que se faz dele [...]" (Guattari, 2011a, p. 165), já que "esses mesmos sistemas maquínicos [do Capitalismo Mundial Integrado] podem ser transformados, desviados" (Guattari, 2022, p. 114).

Por que Guattari aposta na reversibilidade entre as funções repressivas e informadoras dos equipamentos, e as liberadoras, dos agenciamentos coletivos? O que explica que um equipamento coletivo possa abrigar as condições potenciais para a reversão integral de sua lógica, de seus efeitos e de seus fins? Podemos encontrar pistas para compreendê-lo na política do desejo que anima os grupos, mas que também lhes prepara armadilhas.

No pós-Maio de 1968, Guattari assiste à dispersão fractal e autofágica de grupos militantes. Seus destinos repartiam-se, no mais das vezes, entre ceder à monomania da direção revolucionária, fechar-se em impasses particularistas da crítica e disputar abstrações – fossem elas teorias ou modelos de organização. Esses grupelhos eram os subprodutos de um sistema de produção que já não se contentava em extrair a conformidade social, mas havia se especializado em sequestrar e modular o desejo, produzindo subjetividades em série – inclusive, entre grupos militantes.

Toda a subjetividade, mesmo a mais dissidente, parecia ser continuamente recaptada por estruturas de dependência inconsciente do sistema de produção. Isso fazia da individuação um problema urgente e atual: "não há ninguém para servir de suporte à enunciação. [...]. Os enunciados continuarão a flutuar no vazio [...]" (Guattari, 1981, p. 17-18). Estava em jogo a própria individuação transindividual como problema político. O que chamamos de *transindividuação*.

A esclerose que Guattari diagnosticava no movimento operário derivava da "reprodução, pelos militantes, das segregações e estratificações" (Guattari, 1981, p. 44), pois era nas segregações entre sexos, idades, raças, castas e comportamentos que a burguesia e a burocracia apoiavam seu poder. De sua parte, o socialismo se havia deixado apanhar na armadilha imaginária de que "nada parece hoje articulável fora dessa estrutura" (Guattari, 1981, p. 318). Todavia, nem o Estado, nem as relações de produção dominantes ou o campo social repousam "sobre um sistema de invariantes transcendentais" (Guattari, 2011a, p. 118). Tampouco há "universais políticos, nem opção política em geral", ou "frente de luta geral" (Guattari, 2011a, p. 121).

A consistência do campo social, povoado de equipamentos coletivos, dispositivos disciplinares e de controle, instâncias difusas de soberania, circulações estratégicas de poder, estratos e segregações, esquematiza multidões de *matérias de opção* involuntárias: "aquele tipo de escolha política de base que 'precede' toda manifestação nos signos, no espaço, na vida de um grupo, de uma instituição ou de um equipamento" (Guattari, 2011a, p. 74).

As *matérias de opção*, de que fala Guattari, exprimem um involuntarismo político (Zourabichvili, 2000). Implicam que a opção, a escolha e a vontade sejam vistas, e pelo menos parcialmente determinadas, dirigidas e informadas pelos materiais, os temas, os problemas e os acontecimentos que sucedem ao desejo coletivo. Isso faz do desejo uma produção inconsciente (Guattari, 2011b; Deleuze e Guattari, 2010), conceito que ecoa tanto um tema cosmológico tardiano quanto um tema vitalista bergsoniano.

Há um esquematismo comum a ambos e que reencontraremos aqui, entre os equipamentos coletivos. Ele envolve o teatro de um elemento ativo (a avidez dos possíveis de Tarde, o *élan* vital de Bergson) forçando sua entrada num meio resistente (o real, no primeiro, ou a matéria inorgânica, no segundo). Disso resulta que o meio resistente detém as forças ativas que o deformam, consumindo parte dos possíveis que se tornam reais e defasando as virtualidades não atualizadas no processo.

Assim, Guattari pode dispensar os determinismos econômicos do marxismo tradicional. Como consequência, ele desloca a ação, a política e a libido para um mesmo plano. Seu efeito analítico não nos leva a crer ingenuamente que "no seio de cada situação particular [...], certo tipo de vírus micropolítico está em ação" (Guattari, 2011a, p. 121). Mas consiste em propor em termos micropolíticos a questão das condições para que transformações de ampla escala possam se operar.

Mas como sustentar a pertinência dos equipamentos coletivos nas sociedades de controle? Guattari não estava menos atento que Deleuze a essas mutações. Do pós-guerra em diante, vemos as formações de poder se miniaturizarem, abandonarem os espaços fechados das disciplinas e virem habitar o coração dispersivo do *socius*. Os poderes do Estado e do dinheiro já não são coerções que se exercem sobre grandes conjuntos sociais, mas passam a funcionar "no nível das engrenagens microscópicas das sociedades" (Guattari, 2011a, p. 128).

Isso altera tanto a percepção do que se passa no nível macro quanto no nível micro, e configura condições inéditas para a sua articulação transformadora. Se o desejo passa a ser o centro de coesão do capitalismo e de suas máquinas, conexões, semioses, estratificações, é sinal de que o desejo em sua dimensão social, pré-pessoal, extrapsíquica, molecular e transumana é que vai ser fracionado, mutilado, esmagado. Essa é a política dos equipamentos coletivos. A concertação libidinal e capitalista entre equipamentos e usuários.

Mas isso também significa que mudanças de grande escala se seguem de transformações de pequena escala: "uma matéria de opção mais sutil que todas as outras matérias semióticas, sociais e 'materiais' poderia desfazer o caráter repressivo da função de equipamento" (Guattari, 2011a, p. 176). Sob as estratificações molares, reencontramos os agenciamentos micropolíticos de desejo que as atravessam e que podem reconfigurá-los.

Não se trata de abandonar o molar e as lutas no nível dos axiomas em prol de romantismos micropolíticos de destino errático, mas de compreender a dinâmica de atravessamento, transversalização e transbordamento libidinal que concatena os regimes do molar e do molecular e dá consistência ao campo social. É a partir de posições locais, infinitesimais, e ainda assim articuladas aos estratos de grande escala, que pequenas ações, fugas e dissidências cotidianas arriscam fazer bola de neve, propagar-se por toda uma região do *socius* e, no limite, pôr em xeque "o conjunto do sistema capitalista" (Guattari, 2011a, p. 143).

Essa aposta em uma política molecular só pode nascer das *matérias de opção* que o desejo maquina. Ainda que não o percebamos, somos sempre *grupos de usuários* de certos equipamentos coletivos. Sacrificamos aqui e ali cintilações de possíveis. Participamos das inibições que mutilam singularidades ou as impedem de se prolongar ao infinito. Eis o que nos remete à teoria dos grupos: *matérias de opção* poderiam questionar os equipamentos coletivos, as equipagens subjetivas e a economia do saber-poder dos especialistas (como os juízes, por que não?).

É uma *matéria de opção* que determina se "um problema social qualquer [...] surgido dos equipamentos coletivos" vai ser "afastado dos agenciamentos sociais" (Guattari, 2011a, p. 131) ou, ao contrário, poderá ser articulado "a experimentações coletivas, a uma vida de bairro, ser assumido pelos 'usuários'" (Guattari, 2011a, p. 131). Como na jurisprudência de Deleuze, é do lado dos usuários, e não dos sábios especialistas, que se desenvolve a economia política do desejo: "uma luta ativa de *desequipamento*, de reagenciamento coletivo que se desvia das estruturas sociais massivas demais" (Guattari, 2011a, p. 132).

Os grupos percorrem a obra de Guattari, de *Psicanálise e transversalidade* (1972) a *Caosmose* (1992). São o gérmen a partir do qual sua analítica militante, social e existencial se desenvolve. Seu ponto de partida é o período da *Libération* no pós-Segunda Guerra, contexto no qual médicos, enfermeiros e resistentes – entre eles, surrealistas, analistas freudianos e militantes marxistas – formaram "grupos de usuários" que haviam sido mantidos em instituições concentracionárias durante a guerra.

A insuportabilidade da experiência de encerramento os fazia problematizar as condições de produção da própria instituição, e tomar distância de qualquer orientação humanista e abstrata. Antes, tratava-se de destacar um problema do equipamento coletivo e de seus usos, ao mesmo tempo que subjetivavam e passavam a encarnar *o desejo de outra coisa.*

Essa experiência fará Guattari (2004, p. 211) definir um grupo não como "mera adição de alguns indivíduos", mas como "um projeto que se apoia numa totalização provisória e que produz uma verdade no desenrolar de sua ação". É por meio da ação que um grupo "interpreta a situação [...], o conjunto de possibilidades de lutas existentes" (Guattari, 2004, p. 212). Isto é, um grupo é a articulação de um movimento real por meio do qual um processo de subjetivação emergente situa um "problema de campo". O que move os grupos de usuários não é a razão, o interesse ou a vontade, mas o desejo que lhes subjaz.

Por isso, Guattari os chamará de *grupos-sintomas.* Grupos que trazem em si um vetor de mutação local, institucional ou social. Se por um lado eles exprimem a percepção de que "não há lugar para si no estado atual da mecânica social" (Guattari, 2004, p. 63), por outro, encarnam o desejo afirmativo de atacar o sistema existente. Deixam atrás de si o legado intrusivo da ruptura subjetiva que arrisca amplificar-se e rasgar outras constelações estáveis do campo social. Eis o que faz do grupo um "potencial sujeito inconsciente" (Guattari, 2004, p. 63), uma transversal de articulação do desejo: o potencial implosivo das singularidades abertas escavando o coração dos universos fechados.

Um grupo é inteiramente moldado pelo desejo. Por isso, ele tanto prolonga as tensões do desejo quanto se diagrama com elas. Guattari exprime a disparação dessa tensão constitutiva dos grupos como duas vertentes que não impõem uma distinção ontológica nem uma dicotomia absoluta: os grupos-sujeitados (ou "objeto") e os grupos-sujeitos.

O que está em jogo aí não é uma tipologia de grupos, mas uma analítica dos movimentos e das lutas em termos de transversalidade. Isto é, em termos de abertura e fechamento dos grupos para a inscrição de não sentido que vem de fora, para as relações com outros grupos, para a assunção de sua própria práxis, e a condição de se tornar, voluntariamente ou não, o agente fatal da própria finitude.

A questão é saber se a transversalidade, "o lugar do sujeito inconsciente do grupo" (Guattari, 2004, p. 116) por onde escapam as manifestações *outras* do desejo, está presente, e se pode ser remanejada em prol de um novo agenciamento que torne articulável a dimensão inaudita do desejo. Desejo e transversalidade são os articuladores dos agenciamentos coletivos de lutas – problemas que mais tarde serão formulados em termos de minorias e de processos de heterogênese.

Não é outra coisa que está em jogo para Deleuze. Se a jurisprudência e o direito podem ser tomados como equipamentos coletivos, é na medida em que grupos de usuários poderiam tomá-los, encarregar-se deles.

Guattari (2022) nos preveniu contra os erros mais comuns quanto ao direito. Eles consistiriam em aderir a um juridismo estreito demais, em ceder ao reflexo militante que deprecia a importância estratégica das liberdades formais para viver como minorias dentro de uma cerca ou em acatar a mitologia espontaneísta dos tribunais populares.

Não se trata de tomar o Estado – ele não é um monstro exterior, mas está por toda parte –, nem de ser a vanguarda que ameaça com a fatalidade mortífera do dogmatismo e do terrorismo. Trata-se de desenvolver as condições das lutas por liberdades concretas, que "não param de flutuar segundo relações de força e em função das renúncias ou das vontades de reafirmá-las [...]" (Guattari, 2022, p. 77). As liberdades concretas são o índice do único objetivo político legítimo: "a tomada da sociedade pela própria sociedade" (Guattari, 2022, p. 82). Os grupos de usuários são os verdadeiros agentes da jurisprudência.

Nem juízes, nem sábios especialistas, mas os grupos encarregados de fomentar as condições e os esquematismos para as lutas. De estabelecer transversais entre lutas moleculares. De desenvolver processos de singularização e de subjetivação vivas. De promover "intervenções caso a caso nas questões concretas de atentados aos direitos e às liberdades"; "uma atividade de maior fôlego ligada a grupos" (Guattari, 2022, p. 72). Isto é, reinventar o direito como conjugação de lutas defensivas e ofensivas, como prática social de liberdade.

[As individuações no direito]

Para chegar aos grupos de usuários, precisamos passar pelas individuações no direito. É a filosofia da individuação de Simondon que nos fornece algumas das premissas que permitirão definir o papel dos grupos de usuários na concepção de direito de Deleuze. Algumas dessas pistas estão dispersas pela resenha que Deleuze consagra em 1966 a *L'individu et sa genèse physico-biologique*, a primeira parte da tese de doutorado de Gilbert Simondon, publicada em 1964, cuja versão integral aguardou até 1989 para circular.

Quando Simondon transforma a ideia de individuação, convertendo-a de princípio em operação, passa também a prefigurar o ser como um sistema metaestável. É em um tal sistema, bem como em seu caráter metaestável, que Simondon encontrará a "condição prévia da individuação" (Deleuze, 2006b, p. 116). Por sua vez, a ideia de metaestabilidade supõe "a noção de energia potencial de um sistema, a noção de ordem e de aumento de entropia" (Simondon, 2020a, p. 18).

Um sistema metaestável, tenso e energeticamente carregado é constituído por uma *disparação* entre duas ordens de grandeza distintas, e como ele é prévio à individuação, se define também por conter uma reserva *pré-individual*. Tudo nessa descrição concorre para qualificar um sistema rico em potencialidades, "perfeitamente provido de singularidades", as quais são "singulares sem serem individuais" (Deleuze, 2006b, p. 117).

A operação de individuação aparece em Simondon como a "operação energética" por excelência, "a própria gênese se operando, [...] o sistema devindo enquanto a energia se atualiza" (Simondon, 2020a, p. 53). Ela é a mediação real, a instância singularizante de comunicação entre duas diferentes ordens de grandeza, que o sistema hilemórfico fazia desaparecer sob o *principium individuationis*, e que impedia de perceber que é "o sistema completo no qual se opera a gênese do indivíduo [...]" (Simondon, 2020a, p. 78).

Não importa que ela obedeça ao modelo da tecnologia de tomada de forma dos tijolos de argila, ao modelo físico da amplificação do gérmen estrutural cristalino em uma água-mãe, ou ao modelo do vivo, que se individua continuamente através do tempo conservando consigo uma reserva pré-individual que excede sua unidade. A individuação é uma operação que se define como o prolongamento de uma singularidade em relação de *disparação* com um meio que lhe é *problematicamente* associado. É nesse sentido que se poderá dizer que toda individuação tem o caráter de "resolução para um sistema problemático" (Deleuze, 2006b, p. 119), caracterizado por sua metaestabilidade, e que determinadas soluções se prolongam umas nas outras por amplificação.

Tomada em um registro alagmático,[17] a jurisprudência de Deleuze parece funcionar como um processo de individuação específico. Enquanto a noção vazia de lei não serviria sequer de estrutura, a jurisprudência só pode ser efetivamente criadora na medida em que o funcionamento do direito é descrito como uma operação de individuação que medeia e resolve precariamente o estado problemático em que um sistema metaestável consiste.

É precisamente isto que está em jogo quando Deleuze descreve as operações do direito em *L'Abécédaire* (2004). O terreno em que o exemplo sobre a jurisprudência surge nessa entrevista, gravada entre 1988 e 1989, é imediatamente metaestável e ligado à política. Claire Parnet propõe que Deleuze fale sobre como, provindo de uma família burguesa de direita, havia se tornado um homem de esquerda com o fim da Segunda Guerra e a Liberação.

Deleuze ri, e observa que todos os seus amigos haviam passado pelo Partido Comunista Francês (PCF), exceto ele. Lança duas palavras sobre sua timidez. Repentinamente, um

[17] Em um texto preparatório a *L'Individuation...*, Simondon definiu a alagmática como "a teoria das operações" (Simondon, 2020a, p. 559), enquanto uma operação é definida ora como "aquilo que faz uma estrutura aparecer ou o que modifica uma estrutura" (Simondon, 2020a, p. 560), ora como a "conversão de uma estrutura numa outra" (Simondon, 2020a, p. 562). Assim, como observa Muriel Combes (2017, p. 42), estrutura e operação seriam recíprocas e ontologicamente complementares.

comentário sobre os horrores do período stalinista – tema da falação infinita da esquerda francesa – se transforma no tema do fracasso de todas as revoluções: a francesa terminou em Napoleão; a inglesa, em Cromwell; a russa, em Stálin; a norte-americana, em Reagan – ele ironiza. No entanto, o fato de saber-se muito bem que as revoluções terminam mal jamais impediu o devir-revolucionário das pessoas.

Quando se acusa as revoluções de terminarem mal, o que se intromete aí é o falso problema do futuro das revoluções. Deleuze, então, propõe recentrá-lo sobre uma questão concreta: "como e por que as pessoas devêm revolucionárias?" (*L'Abécédaire*, 2004). Afirmar que todas as revoluções terminam mal só é possível na medida em que as revoluções, que decorrem de situações de tirania e opressão para as quais não se tem qualquer outra saída, se veem julgadas sob o ponto de vista retrospectivo de uma história que reivindica um futuro exitoso e abstrato, sem jamais assumir o ponto de vista concreto do devir. O processo tormentoso que é individuar uma situação problemática. A impureza herege do fazer existir.

Um devir-revolucionário sempre aporta uma solução aberta e precária para certo problema. Que as revoluções terminem mal, o essencial é que elas alteram o *problema*. Depois delas, "vai se criar uma nova situação e novos devires revolucionários serão desencadeados" (*L'Abécédaire*, 2004). Culpar as revoluções por terminarem mal é render-se facilmente demais à canalhice moral que absolve as forças individuadas, as quais sempre entram em cena *a posteriori* para restaurar o equilíbrio rompido pelo movimento caótico das singularidades.

É aí, no coração do devir-revolucionário então deflagrado entre os sul-africanos e os palestinos, que Deleuze diz o que diz sobre os direitos humanos. O que nos interessa aqui não são as palavras duras que Deleuze lhes dirige, mas a maneira como propõe o que lhe parece ser o verdadeiro problema de jurisprudência que os direitos humanos domesticam e adestram. Deleuze não diz apenas que as declarações de direitos humanos são abstratas, e "não são feitas pelas pessoas diretamente envolvidas [...]", mas sim que "todos os casos são de jurisprudência!", que "esta é a invenção do direito" (*L'Abécédaire*, 2004).

Todavia, o exemplo que Deleuze fornece para explicar o que entende por jurisprudência, e que faz com que a questão dos armênios não seja uma questão de justiça ou de direitos humanos, é o exemplo que soa, em quase tudo, apolítico da proibição de fumar em táxis:

> Um sujeito não queria ser proibido de fumar em um táxi e processa os táxis. Eu me lembro bem, pois li os considerandos do julgamento. O táxi foi condenado. Hoje em dia, nem pensar! Diante do mesmo processo, o cara é que seria condenado. Mas, no início, o táxi foi condenado sob o seguinte considerando: quando alguém pega um táxi, ele se torna locatário. O usuário do táxi é comparado a um locatário que tem o direito de fumar em sua casa, direito de uso e abuso. É como se eu alugasse um apartamento e a proprietária me proibisse de fumar em minha casa. Se sou locatário, posso fumar em casa. O táxi foi assimilado a uma casa sobre rodas da qual o passageiro era o locatário. Dez anos depois, isso se universalizou. Quase não há táxi em que se possa fumar. O táxi não é mais assimilado a uma locação de apartamento, e sim a um serviço público. Em um serviço público, pode-se proibir de fumar. A Lei Veil. Tudo isso é jurisprudência. Não se trata de direito disso ou daquilo, mas de situações que evoluem. E lutar pela liberdade é realmente fazer jurisprudência [...]. (*L'Abécédaire*, 2004).

A jurisprudência é criadora de direito – e não dos direitos – na medida em que ela consiste em séries de operações relacionadas a situações estruturadas que evoluem. Ela funciona como uma operação de individuação, em que a situação mesma e seu devir são postos em jogo e se transformam. As operações da jurisprudência solucionam um problema ao tirar "a estrutura resolutiva das próprias tensões desse domínio" (Simondon, 2020a, p. 31), e assim o reconfiguram.

Um problema pode, então, seguir sua vida: prolongar-se em uma nova constelação supersaturada de novas relações, a qual exigirá uma nova operação resolutiva, e assim por diante. Um problema situado que evolui lutando consigo mesmo, contraefetuando palavras de ordem e atualizando potencialidades que excedem o seu ser fasado atual.

Como a individuação simondiana, a jurisprudência opera prolongando singularidades nas vizinhanças de um sistema metaestável, que define sempre de maneira flutuante e precária o que vem a ser, por exemplo, um táxi; se um táxi se assemelha mais a um apartamento locável ou a um serviço usufruível. O problema não se resolve de uma vez por todas ao conceituar o que é um táxi – e existe uma boa variação de soluções para isso –, mas com que tipo de individuação um sistema energeticamente carregado se reorganiza. Como uma singularidade opera *modulando* uma estrutura por *disparação*.

A modulação é "a transformação de uma energia em estrutura" (Simondon, 2020a, p. 563) que a operação põe em relação e informa em ato. Simondon utiliza a noção de informação para evitar a ideia de "forma" proveniente do velho esquema hilemórfico. Enquanto esse esquema atribui à forma um poder diretor, organizador, que pressupõe uma dualidade entre a realidade que recebe a forma e a realidade que é a forma, a noção de informação assinala a univocidade e a reversibilidade recíproca entre os termos envolvidos na troca energética.

Assim, passamos do esquema matéria-forma à consistência dos fluxos de conteúdo-expressão. O que assegura uma recomposição da noção de forma na ideia de informação é a operação de modulação e seu caráter transdutivo:

> [...] a operação de modulação pode desenrolar-se *numa microestrutura que avança progressivamente através do domínio que toma forma* [...]. Na maioria dos casos de tomada de forma, essa operação seria *transdutiva*, isto é, avançando de próximo em próximo, a partir da região que já recebeu a forma, e indo para aquela que permanece *metaestável* [...] (Simondon, 2020a, p. 595).

Na medida em que uma singularidade se distribui em uma estrutura carregada de energia potencial, provoca uma individuação. Esta medeia as duas ordens de grandeza, ao mesmo tempo que reorganiza, atualiza e individua o sistema inteiro por propagação, amplificação ou prolongamento. O aporte local de uma singularidade funciona como um gérmen estrutural. Ele consiste na diferença mínima que rompe o equilíbrio metaestável de um sistema e produz uma transformação que se propaga por ele, indo sempre de uma região já informada a outra, metaestável (Simondon, 2020a, p. 595).

Isso implica admitir que "todo indivíduo pode ser condição de devir" (Simondon, 2020a, p. 109), porque ele agora se define como "*tensão, supersaturação, incompatibilidade*" (Simondon, 2020a, p. 569). E, também, significa que todo indivíduo prolonga a singularidade da qual ele decorre por amplificação. Amplificação ou prolongamento, nas operações da jurisprudência, não devem ser confundidos com um raciocínio tipicamente analógico, para o qual problemas semelhantes requerem soluções equivalentes. A amplificação é um efeito de irradiação transdutivo e reticular da singularidade, e é nisso que consiste a operação técnica da jurisprudência.

A transdução é uma atividade que se propaga de próximo em próximo no interior de um domínio. É isso que vemos ocorrer quando a jurisprudência permite ou proíbe fumar conforme a distribuição diferencial das singularidades que reconfiguram o problema. No exemplo de Deleuze, o táxi ora funciona como apartamento locável, ora como serviço público.

Há, portanto, aqui, uma analogia diferencialmente forte (uma noção singular de táxi que reorganiza um sistema problemático segundo uma operação transdutiva) e uma fraca (a analogia meramente lógica segundo a qual um táxi se assemelha a qualquer coisa já conhecida). Entender o funcionamento da jurisprudência é compreender como as analogias potentes, ontogenéticas, movem as analogias débeis, meramente lógicas.

A propagação é criadora de uma nova situação que evolui porque a individuação produz um salto de estado no sistema. Sua metaestabilidade é rompida, e isso lança o sistema, e uma singularidade, a uma relação de disparação que os constitui em um devir assimétrico. Isso significa que a "universalização" de uma resolução a todos os demais casos não corresponde a um prolongamento de uma singularidade por propagação intensiva, mas à cristalização de um esquema extensivo que assinala o esgotamento momentâneo (ou a defasagem) da carga pré-individual de uma singularidade. As operações da jurisprudência se explicam menos como produção de uma identidade, ou como a moldagem de uma matéria inerte, e mais como a transformação de um estado não idêntico a si mesmo, cuja diferença interna, consigo, se propaga de maneira reticular, por amplificação.

Existe uma dimensão em que a jurisprudência pode ser legitimamente tomada como alagmática. Isto é, como uma teoria das operações que fazem uma estrutura aparecer, modificam uma estrutura ou convertem uma estrutura em outra. Nesse nível, a jurisprudência consiste em uma operação transdutiva, ou de modulação, que procede por prolongamento de singularidades relativamente a um sistema metaestável (objetivamente problemático), e que se caracteriza por uma *disparação* informacional entre duas ordens de grandeza distintas: um gérmen estrutural e um meio associado que a operação de individuação virá mediar, resolvendo-a precariamente numa nova estruturação.

Essa definição procede dos modelos da tecnologia da tomada de forma e do modelo físico da cristalização, que Simondon diz serem uma hipótese aplicável aos "diferentes tipos de tomada de forma, desde a ontogênese e a filogênese até os fenômenos de grupo" (Simondon, 2020a, p. 595). Ainda que esse paradigmatismo permaneça válido, as operações da jurisprudência tocam uma dimensão alagmática em que o direito opera singularidades e meios muito diferentes da argila ou das soluções cristalinas supersaturadas. As operações da jurisprudência são fabricações ontogenéticas especiais, que se colocam imediatamente na dimensão do vivo – que Simondon (2020a, p. 23) qualificou como "agente e teatro da individuação" – e do transindividual.

Portanto, não é casual que Deleuze aponte a persistência de uma feliz confusão entre direito e vida: "[...] jurisprudência [...] é a vida! Não há direitos humanos, há direitos da vida. Muitas vezes, a vida se vê caso a caso" (*L'Abécédaire*, 2004). Na mesma entrevista em que suscita os grupos de usuários, quando Deleuze (2008, p. 210) fala do " direito da biologia moderna", das "novas situações que ela cria", como problemas de jurisprudência, trata-se de uma ressonância da relação entre a dimensão problemática do vivo e uma chance de resolução transindividual (os grupos de usuários) que reencontramos. Como veremos, isso não poderia estar mais próximo da individuação simondiana e da teoria dos grupos de Félix Guattari.

[Grupos de usuários]

Reconstruamos o pano de fundo do argumento de Simondon em linhas muito gerais, sem passar pelos detalhes da individuação vital, psíquica e coletiva.[18] Retomada no domínio do vivo, a individuação se diferencia do domínio físico por uma *lentificação* da operação. Ao contrário de um cristal, que se individua de maneira "*instantânea*, quântica, brusca e definitiva" (Simondon, 2020a, p. 20), o vivo implica um teatro de individuação mais lento e permanente.

Essa operação não resulta em um indivíduo inteiramente formado, adjunto a um meio empobrecido de potenciais. O vivo se caracteriza como um sistema de ressonância interna em situação de permanente metaestabilidade. Viver equivale ao drama da individuação: não apenas resolver problemas adaptando-se, alterando sua relação com o meio, mas inventando novas estruturas interiores.

A individuação vital corresponde, portanto, não apenas à invenção de um indivíduo relativamente exterior a um meio,

[18] Para uma reconstrução detalhada e, ainda assim, enxuta do argumento, cf. Combes (2017, p. 57-97).

mas à invenção, *no* indivíduo, de um meio de interioridade relativo a si mesmo. Por sua vez, esse meio de interioridade comporta duas ordens de grandeza. Uma que corresponde ao indivíduo individuado, e outra que remete a uma realidade pré-individual de que o indivíduo é portador, e que o determina como um sistema permanente de metaestabilidade *consigo*.

Essa *disparação* "comporta *uma problemática interior [que] pode entrar como uma problemática mais vasta que seu próprio ser*" (Simondon, 2020a, p. 23). É nesse sentido que as gêneses psíquica e coletiva constituem resoluções parciais que prolongam os problemas vitais em dimensões que transbordam o ser individual. Assim como os problemas vitais não estão fechados sobre si mesmos, e franqueiam resoluções em uma dimensão psíquica, os problemas psíquicos também não estão encerrados, e preparam um salto na dimensão do coletivo.

O que faz "saltar" de uma dimensão a outra (física, vital, psíquica e coletiva) segundo uma série aberta de individuações é a realidade pré-individual de que o indivíduo é portador. Uma realidade que, sendo parte integrante do vivente, não se esgota em qualquer das fases cuja individuação ela dispara. Isso permite renunciar tanto à versão liberal individualista quanto à sociológica científica da noção de grupos, pois "avançando de metaestabilidade em metaestabilidade, [...] o indivíduo não é nem substância, nem parte simples do coletivo" (Simondon, 2020a, p. 24). Ele é o resultado precário de um processo de individuação no qual toma forma – mas o processo o ultrapassa por todas as partes.

A interpretação de Patton (2007), que fazia dos grupos de usuários de Deleuze meros grupos de interesse a serem democraticamente escutados, pode então ser corrigida no registro da individuação coletiva. Os grupos de usuários não são nem entes simples, nem grupos sociais preexistentes, mas *operações de individuação permanente, ou linhas de subjetivação*, que percorrem e diagramam o campo social. Por essa razão, não podem se contentar em serem consultados, reconhecidos e acomodados em uma estrutura prévia. Antes, são eles que a transformam como agentes do direito.

O argumento de Simondon é o de que psicologia e teoria do coletivo estão ligadas. Elas são fases de uma mesma ontogênese que processa em termos psíquicos e coletivos as *disparações* pré-individuais que constituem a condição de possibilidade para que os indivíduos participem de um ser mais vasto do que eles. Isso, porém, é uma via de mão dupla. Por um lado, o coletivo é a dimensão em que o psíquico vem resolver-se. Por outro, as resoluções tomadas nesse nível (que é também o da cultura) condicionam a dimensão psíquica e deflagram por toda parte novas tensões problemáticas.

É aqui que devemos situar o registro próprio do direito no campo social. Ele é uma alagmática que se desenvolve na dimensão do transindividual e que, condicionando a dimensão psíquica, retroalimenta problematicamente as reservas pré-individuais que o tornam compartilhável. Ao mesmo tempo, as reservas pré-individuais que ele contém, o constituem como um meio problemático imediatamente em devir. Assim, além de uma teoria das operações, e das operações de individuação propriamente ditas, o direito também envolve um complexo reticular de situações que evoluem por prolongamento de singularidades.

Isso coloca em novos termos a relação entre direito, subjetivação e política, na medida em que as operações da jurisprudência se processam imediatamente no registro transindividual. Simondon (2020a, p. 23-24) definiu esse registro como "a unidade sistemática da individuação interior (psíquica) e da individuação exterior (coletiva)" operadas "a partir de uma realidade pré-individual associada aos indivíduos e capaz de constituir uma nova problemática [...]".

***

Como tudo isso permite definir o papel dos grupos de usuários na ideia que Deleuze faz do direito? Conceber o direito como teoria, prática e reserva pré-individual para *transindividuações* importa na medida em que a jurisprudência consiste em uma prática alagmática que atua imediatamente no registro do transindividual e, assim, insere uma linha de subjetivação ativa (os "grupos de usuários") que é, ao mesmo tempo, agente e teatro da individuação. Isto é, os grupos de usuários realizam, eles próprios, e em si mesmos, a passagem do direito à política. Uma passagem que só pode estar centrada nos grupos de usuários, porque é neles que se dará o cruzamento entre subjetivação e instituições. Eles constituem os agentes de uma jurisprudência dos corpos.

Essa intuição remonta ao prefácio que, em 1972, Deleuze escreve à *Psicanálise e transversalidade* – coletânea de ensaios em que Félix Guattari desenvolve uma teoria dos grupos e uma noção de transversalidade que não são menos simondianas. Ali, Guattari dizia que "um grupo não é mera adição de alguns indivíduos. [...] É essencialmente um projeto que se apoia em uma totalização provisória e que produz uma verdade no desenrolar da sua ação" (Guattari, 2004, p. 211); e é nessa medida, em que sua ação produz significantes, que um grupo "produz a instituição, institucionalização [...]" (Guattari, 2004, p. 212).

Essa é uma definição que veremos atravessar todo pensamento de Guattari. Anos após a publicação de *Psicanálise e transversalidade*, ele escrevia em *Heterogênese*: "[...] 'coletivo' deve ser entendido aqui no sentido de uma multiplicidade que se desenvolve para além do indivíduo, junto ao *socius*, assim como aquém da pessoa, junto a intensidades pré-verbais, derivando de uma lógica dos afetos mais do que de uma lógica dos conjuntos bem-circunscritos" (Guattari, 1992, p. 19). Ou seja, mesmo para o Guattari dos anos 1990, um grupo, ou coletivo, é uma composição social heterogênea entre as dimensões do que Simondon chamaria de trans- e de pré-individual. Uma transindividuação.

Essa breve definição envolve tudo o que está em jogo na noção de grupos de usuários, e na passagem do direito à política, para Deleuze. Por razões diversas, vimos que tanto para Guattari quanto para Simondon um grupo não pode se definir como uma soma de indivíduos já constituídos, porque todo indivíduo já é, imediatamente, uma multiplicidade. Seja pela realidade pré-individual de que ele é portador, e que excede sua aparente unidade individuada, seja porque o indivíduo é sempre, na verdade, uma função transindividual ou uma subjetividade de grupo.

É o que Guattari queria dizer com a fórmula "somos todos grupúsculos". Foi o próprio Deleuze (2006b, p. 249) quem chamou a atenção para o sentido dessa fórmula no seu *Três problemas de grupo*: "O dito de Guattari [...] marca bem a busca por uma nova subjetividade, subjetividade de grupo, que não deixa se enclausurar num todo forçosamente pronto a reconstituir um eu, ou, pior ainda, um superego, mas que se estende sobre vários grupos de uma vez, divisíveis, multiplicáveis, comunicantes e sempre revogáveis".

Definir um grupo como "um projeto que se apoia em uma totalização provisória" é considerar que um grupo se caracteriza por uma individuação processual interminável, que se opera segundo diferentes coeficientes de transversalidade. Na psicanálise de grupo, transversalidade era o conceito que permitia superar os dilemas da verticalidade e da horizontalidade – que correspondem, nos grupos militantes, aos impasses da hierarquia piramidal de partido e do espontaneísmo anarquista.

A transversalidade é a dimensão diagonal que "tende a se realizar quando ocorre uma comunicação máxima entre os diferentes níveis e, sobretudo, nos diferentes sentidos" (Guattari, 2004, p. 111), e que admite um ajuste de coeficiente. Isto é, uma maior ou menor transversalidade, num gradiente variável.

É a variação desses coeficientes que permite distinguir dois polos de referência para os grupos: os grupos sujeitos, e os grupos sujeitados. O grupo sujeito desenvolve a sua autonomia e os meios de elucidar o seu próprio objeto, e "faz aflorar uma hierarquização de estruturas que lhe vai permitir abrir-se a um 'para-além' dos interesses de grupo" (Guattari, 2004, p. 105). Mas nada disso é tranquilizador. Os grupos sujeitos estão marcados por uma vertigem interior; mergulhados "num oceano de problemas, de tensões, de lutas internas, de riscos de divisão" (Guattari, 2004, p. 77) que decorrem de seu alto coeficiente de transversalidade e abertura a outros grupos. Trata-se de grupos sempre ameaçados, mas lúcidos, quanto à possibilidade de sua finitude e esfacelamento.

Por sua vez, os grupos sujeitados recebem a sua lei do exterior, secretam hierarquizações em relação a outros grupos, produzem uma subjetividade de grupo autorreferente (a partir da liderança ou da representação) e se cercam de "rituais tranquilizadores" (Guattari, 2004, p. 76) que se destinam a impedir qualquer inscrição de não sentido exterior.

Na medida em que a distinção entre grupos sujeitos e grupos sujeitados não é ontológica, mas de funcionamento, é preciso interpretá-la sempre em função das operações de transdução que podem se realizar em determinada subjetivação de grupo, fazendo-a passar de um funcionamento a outro. Assim, os grupos podem ser ditos projetos que se apoiam em uma totalização provisória: um grupo jamais está dado de uma vez por todas, ou todo de uma vez. É, antes, um processo de transdução constante entre as polaridades.

Por fim, Guattari afirma que um grupo "produz sua verdade no desenrolar da sua ação" e, ao produzir significantes, "produz a instituição" (Guattari, 2004, p. 211-212). Esse é o ponto de convergência entre uma linha de aparente objetividade, do direito e das instituições, e outra de aparente subjetividade, dos grupos de usuários.

Da mesma forma que Simondon descobria formas implícitas na argila e materialidade nos moldes de fabricar tijolos, a afirmação de que "a produção de significante é inseparável da produção de unidades subjetivas, isto é, da produção de instituições" (Guattari, 2004, p. 303) incute a ideia de que as linhas de subjetividade e objetividade se misturam. Não há uma subjetividade pura impondo uma forma a matérias inertes, perfeitamente recortadas no universo objetivo. O que há são modulações de fluxos de conteúdo-expressão suscetíveis de compor com os escapes, ou com as fixações, das subjetividades de grupo.

Há uma objetividade implícita nos grupos de usuários. Suas demandas, sua autocompreensão, sua forma de organização, seus componentes de ação, objetivos, formas de institucionalização futura, etc. Por outro lado, também há uma subjetividade implícita nas instituições, que se veem investidas por "um desejo latente coextensivo a todo o campo social" (Deleuze, 2006b, p. 250). Não é por acaso que Deleuze verá na distinção entre grupos sujeitos e sujeitados duas vertentes da instituição, de modo que teoria dos grupos e instituições é uma só e mesma coisa.

Na equação entre ação e produção de significantes, usinagem de unidades subjetivas e de instituições, pode-se situar o papel dos grupos de usuários nas operações da jurisprudência, e mostrar em que sentido eles são o ponto de passagem do direito à política. Trata-se de um registro intrinsecamente problemático, atravessado pelo vetorialismo das forças produtivas do capital, que tanto sujeita os indivíduos a modelos de subjetividade estereotipados quanto exige deles uma contínua heterogênese.

Essa contradição é, entretanto, instrutiva. Ceder à máquina social é elaborar uma subjetividade de grupo sujeitado. Multiplicar os grupúsculos anarquicamente, e ao infinito – a ponto de poderem tomar o "lugar das instituições da burguesia" como "*unidades de subversão desejante*" (Guattari, 2004, p. 365) –, é prolongar a realidade pré-individual coexistente com um grupo sujeito de maneira transversal.

Esse é o sentido de uma linha de subjetividade que tanto vem romper as operações metaestáveis de uma jurisprudência confiada aos juízes quanto exceder o registro alagmático de um direito que passa à política. Os grupos de usuários estão no centro móvel da operação de transindividuação que implode o monopólio dos juízes – grupo sujeitado que faz do direito um ritual tranquilizador, fechado em si mesmo. Também ocupam o ponto de passagem do direito à política na medida em que esses grupos já não podem ser concebidos como sujeitos de direitos *a priori*, como associações de indivíduos ou grupos sociais preexistentes que poderiam ser consultados, reconhecidos ou acomodados nas democracias participativas.

Os grupos de usuários têm uma consistência em fuga que é ao mesmo tempo trans- e pré-individual: "singular sem ser individual" (Deleuze, 2006b, p. 118). Aí, porém, nada é trivial. Não são os grupos de usuários que produzem "os direitos" por meio da ação política – lugar comum de uma teoria política dos direitos que nada tem a dizer sobre o direito ou a jurisprudência.

Os grupos de usuários são subjetivações dividuais, mobilizadas por problemas precisos, e também são singularidades que emergem de situações metaestáveis, as quais evoluem nas operações da jurisprudência. Eles *são* e *consistem na* passagem do direito à política, na medida em que as operações da jurisprudência mobilizam reservas pré- e transindividuais que poderão se tornar políticas, fazendo existir um grupo de usuários formado em torno de um problema específico – ora no polo de grupo sujeito, ora no de grupo sujeitado.

Esse é o ponto em que, no direito, os grupos de usuários se misturam às instituições. Eles talvez correspondam à individuação e à invenção de um "povo que ainda não existe" (Deleuze, 2016, p. 343). São um laboratório social a céu aberto de unidades de subversão desejante que poderiam tomar o lugar das instituições vigentes, e caso-a-caso, envolvem-se em devires vegetal, animal, mulher, negro, minoritário, intenso, imperceptível, cristal, terra, húmus, todo-mundo... Por isso, Deleuze dizia que "é aí que se passa do direito à política."

[Monadologia e ecologias]

Além de Simondon e Guattari, há um terceiro intercessor que implode e amplia as versões interindividuais e sociológicas que restringem a imaginação sobre o campo social e o direito. Falamos do imenso relicário tardiano que as obras de Deleuze contêm (Tonkonoff, 2017). De *Diferença e repetição* até *Foucault* e *A dobra*, passando por *Micropolítica e segmentaridade* – platô que homenageia sua microssociologia –, Deleuze (2006a, p. 81) capta em Gabriel Tarde "uma das últimas grandes filosofias da Natureza, herdeira de Leibniz. [...] uma dialética da diferença e da repetição que funda a possibilidade da microssociologia numa cosmologia."

A influência de Tarde sobre as teses de Deleuze não se restringe ao caráter expansivo da axiomática do direito (Sutter, 2009) ou à prática esotérica que associa textos, pessoas e coisas (Latour, 2002). Antes, ela implica Deleuze em uma axiomática de repetições e em uma prática composicional de diferenças que se entrecruzam de forma mais complexa em uma filosofia do social, que é o desdobramento de uma cosmologia infinitesimal.

Tarde concebe uma teoria da repetição universal subsumida a uma teoria da invenção. É na intersecção desses dois planos – as repetições mais superficiais, as profundas alterações de mundos – que a relação entre direito e campo social, jurisprudência e criação, entra em órbita.

Em *Les transformations du droit*, Tarde (1893, p. 198) definia o direito como "parte integrante" e "espelho integral" da vida social. Uma "coisa imitativa, rotineira" (Tarde, 1893, p. 199), indissociável do campo social na medida em que "a imitação é [...] a forma propriamente social" que instancia e explica "[a] propagação gradual de um corpo de costumes ou de uma legislação [...]" (Tarde, 1893, v).

A propagação imitativa expande o direito enquanto o envolve num duplo esforço de adaptação. O direito precisa adaptar-se a si mesmo, e à sociedade que ele reflete, a qual se mantém inadaptada a si mesma. Assim, o direito espelha, acompanha e registra o câmbio tremeluzente de todas as associações e corpos sociais equívocos, mas também realiza "uma superior e complexa operação de lógica social" (Tarde, 1893, p. 10), "um gigantesco silogismo prático" (Tarde, 1893, p. 192) que os organiza em todos precários e relativos.

Toda transformação do direito articula duas dimensões não paralelas, não coincidentes. Uma, a invenção; outra, a sua propagação organizada. Assim, a fórmula jurídica tardiana poderia ser: *o direito é a integral da poligênese e da determinação*, porque as variações que o direito conhece são transformações do contingente em necessário, e vice-versa.

Transformações que procedem de invenções infinitesimais que, pouco a pouco, se veem integradas por recursos imitativos à fortuna secular das instituições coletivas e, finalmente, ajudam a construir catedrais de axiomas relativamente lógicos, precariamente sistemáticos, que não cessam de manifestar algo de inevitavelmente equívoco. Um *corpus díspar* que não consegue conter, a não ser de modo efêmero, a tendência latente a diferir e se dispersar na qual se prolonga o impulso extralógico de invenção que lhe deu origem, e cujas componentes lógicas o direito se esforça, em vão, por adaptar e estabilizar.

Por isso, Tarde (1893, p. 200) afirma que o problema da evolução de um corpo de direito "consiste em fazer o lógico com o ilógico". O direito comporta dois planos de interação dissimétricos dos quais sua operação constitui a integral. O primeiro é o plano lógico. Rotineiro, repetitivo, axiomático e silogístico. A superfície em que os movimentos de um corpo social heterogêneo se inscrevem. Ele organiza e contém as disparidades internas de um corpo social na forma de uma imagem que tende a uma coerência consigo (meio de interioridade) e com o agenciamento social que a instancia (meio especular refratário).

Esse é o reino celestial dos monumentos jurídicos, das leis e dos códigos, que produzem o direito universal e necessário como reflexo das singularidades contingentes. É a *disparidade de composição* entre ordens lógica e extralógica, universal e singular, necessário e contingente, que faz do direito tanto o espelho de um corpo social movente quanto o meio integralmente outro em que a luz que esse corpo emite, penetra, mudando de velocidade.

O direito é o espelho refratado e defasado de um corpo social. Sob a forma das coerências holísticas, ele exprime, num nível ulterior, multidões de inadaptações infinitesimais entre as repetições que percorrem um corpo social (as simpatias, as correntes imitativas) e as iterações jurídicas (as repetições e os deveres).

Mas esse plano lógico e monumental, rotineiro, repetitivo e relativamente adaptado não cai do céu. Sua existência é animada pela inadaptação constitutiva que a sua rotina espelha, e sua imagem refrata. A existência mesma das catedrais lógicas pressupõe "uma heterogênese inicial" que as correntes de imitação irradiam e difundem por todo um corpo social, numa "pluralidade de linhas de desenvolvimento" (Tarde, 1893, ii). Se a tendência geral do direito é molar e monumental, e se exprime pela "expansão contínua das relações de direito" (Tarde, 1893, p. 59), pelo "contato assimilador entre uns e outros" (Tarde, 1893, p. 60) e pela configuração de "um estado social novo" (Tarde, 1893, p. 140), as condições dessa expansão são moleculares, infinitesimais e sociais.

Seria tão fácil quanto enganoso remeter os vínculos sociais a um fundo "uno, homogêneo, indiferenciado" (Tarde, 1893, p. 37) sobre o qual suas semelhanças e imitações mútuas se replicariam. Mais difícil e necessário, porém, é explicar sua repentina aparição, especialmente quando, por toda parte, se afirma que "existir é diferir" (Tarde, 1893, p. 144). Que "a diferença é o alfa e o ômega do universo" (Tarde, 2007, p. 98). Ou que "A diversidade, e não a unidade, está no coração das coisas" (Tarde, 2007, p. 104).

Não sendo dados, é a imitação, a assimilação, o uno e o homogêneo que precisam ser explicados. Sabemos que toda semelhança decorre da imitação, mas não nos imitamos porque nos parecemos. Pelo contrário, nos parecemos porque nos imitamos, e "a imitação [...] é a forma propriamente social da repetição universal" (Tarde, 1893, v).

Porém, se nos parecemos porque nos imitamos, *o que conduz à imitação?* A resposta de Tarde é dupla. Por um lado, a imitação é uma forma social da repetição, uma repercussão do instinto de simpatia, "condição primeira e indispensável a todo grupo social" que corresponde à "comunicação contagiosa de emoções, desejos e ideias" (Tarde, 1893, p. 13). A imitação é o produto desse contágio de moléculas sociais ainda mais infinitesimais que a imitação ou a simpatia. Por outro, imitar "não passa de um meio de destacar nossa diferença essencial" (Tarde, 1893, p. 141). É que a imitação não é uma mimética cega, mas a "expressão de uma simpatia" (Tarde, 1893, p. 171).

Por reenviar à similitude e à ordem da identidade, Deleuze evita o termo "imitação", e prefere falar em conjugação de fluxos, interferências, agenciamentos. E não só faz do agenciamento "a unidade mínima real" (Deleuze, 1996, p. 65) como define a própria "simpatia" já como agenciamento. Ainda assim, se a imitação é razão suficiente de atividades de propagação, irradiação e contágio – sentido em que ela trabalha em favor da unificação do direito (Tarde, 1893, p. 181) –, ela não é causa bastante da similitude. Ao descermos um grau, percebemos que já não nos parecemos porque nos imitamos. Só nos imitamos – e, logo, nos assimilamos – em função do contato com uma *diferença irresistível*. A presença de uma invenção à qual aderimos, resistimos ou hesitamos em adotar.

O contato simpático "de um espírito com outro" (Tarde, 2011, p. 31) não transmite simplesmente uma ideia, emoção ou desejo. Ele comunica também, e essencialmente, a avidez de um gérmen que, por sua vez, pode nos fazer passar da tradição à hesitação, e da hesitação ao novo. Só incorporamos o novo através de uma imitação, porque imitar é desejar possuir, e ser possuído, por uma diferença irresistível.

Em *Monadologia e sociologia*, lemos que "toda coisa deve ser ávida", que "toda possibilidade tende a realizar-se, [e] toda realidade tende a universalizar-se" (Tarde, 2007, p. 123). Se supusermos que "toda coisa é uma sociedade" (Tarde, 2007, p. 89), o caráter não antropomórfico da hipótese neomonadológica tardiana inspira um conceito de social que rejeita as premissas nocionais clássicas das ciências sociais (Tonkonoff, 2023).

Em Tarde, o social se refere a um potencial distribuído de simpatias, lutas e alianças livres. Um associacionismo contingente entre elementos quaisquer. Estes dão consistência a um campo social que nada mais é que o seu efeito relacional e compositivo, aberto por definição, e sujeito a variar em função das recombinações que se processam entre as alianças e as lutas.

As lutas, no entanto, procedem em última análise da avidez cosmológica. Ou, em termos afetos a Deleuze e Guattari, são efeitos de composição do desejo. Não é à toa que víamos Tarde (2007) substituir uma filosofia do *ter* à do *ser*. É que a avidez – inclinação de todo elemento (partícula ou corpo celeste) a possuir e propagar-se – implica cada coisa em tramas variáveis de possessões recíprocas. Daí o caráter social ou, como teria sugerido Jean Millet (1970), *ecológico* da monadologia tardiana.

Repetições, imitações, rotinas, o aspecto axiomático e sistemático com que se tenta unificar o direito: tudo não passa de "intermediários inevitáveis entre as diversidades transcendentes obtidas por essa parcial irradiação" (Tarde, 2007, p. 98). Isso não significa que a invenção seja primeira, mas que sua constituição ocorre em ondas de repetições. Como toda coisa, as invenções são sociais, e as repetições constituem o seu meio.

Mas as invenções não apenas requerem as repetições como suas portadoras. As invenções procedem dos fluxos de imitação, propagam-se através deles: "a invenção a ser imitada", diz Tarde (2011, p. 110), " [é a] feliz interferência entre duas imitações". Não há, portanto, uma oposição ontológica entre repetição e diferença, imitação e invenção; mas sim o infinito labor da interferência recíproca entre repetições que engendram diferenças, e singularidades que se irradiam por correntes de imitação.

Tudo se vê envolvido numa concepção cosmológica e não antropomórfica a que Deleuze nomeou *variação contínua:* "A própria diferença vai mudando. [...] como a realização de uma multidão de virtualidades elementares, cada qual caracterizada e ambiciosa, cada qual trazendo em si seu universo distinto, seu universo próprio e de sonho" (Tarde, 2011, p. 112). Mesmo as mais anônimas repetições são portadoras de cintilações de possíveis. As repetições conduzem os possíveis através da medula do real, e mesmo as mais molares e célebres invenções – aquelas que levam o nome próprio de seus inventores – não poderiam advir sem a irradiação mínima das ondas de repetições anônimas.

As ideias do direito também se agitam num plano infinitesimal e microfísico. Movimentos concretos provocam flutuações, ondulações, metaestabilidade. Pequenas "atividades intermitentes de invenção" (Tarde, 2011, p. 104), manejadas por "iniciadores obscuros" (Tarde, 2011, p. 140) ou "precursores sombrios" (Deleuze, 2006b, p. 132), não cessam de arrastar o relicário das invenções acumuladas – e, no limite, ameaçam desalojar a lógica que as integra.

Mesmo o direito, que Tarde (1893, p. 198) afirma só se explicar "na sua realidade viva e completa" como "um ramo da sociologia", só admite as rotinas como o efeito mais ou menos organizado de propagações inventivas. Por outro lado, as invenções no direito só podem ser concebidas à custa de uma série de "inserções laboriosas, frequentemente sangrentas, de novas ideias aportadas ocasionalmente [...], de forma repentina" (Tarde, 1893, p. 165).

Les transformations du droit é a tentativa de fazer, no direito, o que Tarde fez por toda parte: integrar as invenções às repetições, e explicar o aspecto axiomático e unitário do direito como intermediário inevitável da passagem de uma diferença à outra, de uma avidez germinal à outra. Assim, a tendência à expansão das relações de direito se explica pela propagação das invenções extralógicas – prolongamentos de aspirações e desejos inconscientes – às custas de acoplamentos lógico-sistemáticos em harmonias precárias.

Por isso, o direito se explica pela nidação de uma teoria da invenção explosiva no ventre obsequioso das repetições axiomáticas. Feita tanto de possíveis quanto de real, a integral do direito tardiano descreve o movimento ondulante e expansivo de uma invenção que se propaga, e de uma propagação que arrisca uma invenção a cada novo lance de dados.

Uma teoria da invenção jurídica abriga os desvios infinitos das repetições: a inovação que nasce do comentário (Tarde, 1893, p. 169), as falsificações laboriosas dos jurisconsultos (Tarde, 1893, p. 187), dos intérpretes de princípios (Tarde, 1893, p. 157), ou ainda as ficções que elaboram alucinações instituintes (Tarde, 1893, p. 190). Seja como for, uma vez instalado um gérmen novo, o corpo das ideias jurídicas entra em movimento.

Tanto o gérmen é "mais ou menos fortuito, imprevisto" (Tarde, 1893, p. 33) quanto as flutuações que sua introdução desencadeia pertencem à ordem das contingências. Ninguém pode afirmar a segura adoção de uma invenção do direito, nem a sua duração, eficácia ou amplitude. É que a invenção é um gérmen ávido, uma diferença mais ou menos irresistível, cuja persistência depende da repercussão díspar de seu ingresso na série de repetições para se amplificar. Invenções tanto podem gerar flutuações sem consequências quanto desencadear transformações institucionais tão duradouras a ponto de nos parecerem irreversíveis.

O que, todavia, está em jogo na propagação de uma invenção qualquer é como ela se instala na malha turbilhonar e fluida das correntes imitativas. De que modo ela comunica e prolonga as crenças e os desejos, mas também, de que forma produz novas adaptações de conjunto. Ela, por acaso, "torna inúteis ou incômodas invenções anteriores", cria "contradições ou contrariedades novas" (Tarde, 1893, p. 186)? Parece instaurar oposições profundas onde esperávamos do direito uma solução harmônica? É todo o tema da oposição tardiana. Toda invenção é, também, uma "interferência de ondas imitativas vindas de fora" (Tarde, 2011, p. 109), e a possibilidade de criar contradições entre crenças e desejos.

Não é trivial, portanto, que Tarde compreenda o direito como imensa operação de silogismo social ou que seu pensamento esteja carregado de *amor fati* quanto à lei dos abortos necessários: o real só nasce, só pode nascer, da trágica e maravilhosa mutilação dos possíveis, que não cessam de transformá-lo a quente. E o real está para os possíveis assim como a face sistemática do direito está para as invenções que o transformam.

O real não é um dos possíveis, mas o resultado de esforços de adaptação – aquilo a que Leibniz chamaria *compossibilidade* – entre um gérmen ávido, a avidez de todos os demais, e todo o resto do mundo real em que eles se encontram. A tendência sistêmica e axiomática do direito exprime, portanto, uma imensa operação de adaptação e *compossibilidade* entre os novos possíveis que uma invenção transporta e as ecologias de relações componíveis que consistem com a trama heterogênea e atual do mundo existente.

No entanto, Tarde (1893, p. 189) sabe que a operação de "fazer um mundo desse caos", organizar as aspirações, crenças e desejos sociais díspares nos termos de uma mundana compossibilidade, pode não ser um empreendimento coerente, totalizador ou definitivo. Essa operação é sempre posta em movimento por "novos dados, observações, experiências científicas, ideias [...], desejos tão incoerentes quanto [as] ideias, [...] novas necessidades, novos comandos íntimos" (Tarde, 1893, p. 189). Só acreditaremos "o edifício da jurisprudência e da casuística [...] completo" por um momento: "Nós o admiramos, o dizemos inviolável, ao menos enquanto o estado social não se renova" (Tarde, 1893, p. 190).

Não é que as inovações sempre espreitem, mas os vaivéns inconscientes dos desejos e das crenças fermentam e preparam as novas oposições, as novas lutas e os novos ritmos que nascem das invenções, e dos quais outras invenções também podem nascer. Foi aí que Tarde discerniu muito poderosamente as lutas e os ritmos. Tanto lutas quanto ritmos são oposições; e estas são espécies de repetições.

Oposições são antagonismos entre duas tendências, forças ou direções que se situam tanto em batalhas moleculares, internas a um mesmo cérebro, quanto em conflitos interindividuais. Elas abrangem as oposições-lutas e as oposições-ritmos. As lutas são oposições simultâneas entre termos que se chocam. Destroem forças e desencadeiam "choque, luta e equilíbrio" (Tarde, 2011, p. 59). Já os ritmos são oposições sucessivas em regime de alternância, mas não destroem as forças que permanecem tendencialmente oponíveis.

Na cosmologia tardiana não existe negativo. Nem sequer negativo lógico. Assim, o direito é constituído por oposições externas e hesitações. Por isso, sua operação na ampliação de ecologias de relações e *compossibilidades* se faz entre as lutas e os ritmos, que são estados de composição de mundos prenhes de avidez germinal.

As lutas e os ritmos descrevem multidões de operações do direito que convergem na luta pelo direito que, pelas costas de Rudolf von Jhering, Tarde afirmava fazê-lo progredir: "aquela que se engaja entre um direito novo, na iminência de se elaborar e de se fazer reconhecer, e um direito [...] que se trata de destronar" (Tarde, 1893, p. 203). Nem o constituinte, nem o destituinte, pois - cizânia inútil -, mas as operações da invenção demolidora e da demolição inventiva da jurisprudência dos corpos. Ela, o *ritornelo* das lutas e dos ritmos para um outro *nómos*.

NÓMOS E RITORNELO

[A terra e a pólis]

Dita por juristas, *nómos* é palavra que arrasta consigo uma imagem do pensamento inteiramente já formada. Ela se constitui de pronto em uma série de evocações que esgotam a multiplicidade do *nómos*. De acordo com uma imagem familiar, *nómos* remete à terra e à sua distribuição, às leis da *pólis* grega, à perfeita divisão do trabalho social e da alma em partes exclusivas e organizações autárquicas, mas também à propriedade e à lei, bem como à soberania e à atividade de apascentar.

Tudo se passa como se o *nómos* fosse a força formal, distributiva e vetorial que dispõe de maneira fundacional uma matéria receptiva e inerte, mas sem contaminá-la nem lhe dizer respeito. Esta matéria é a terra, as gentes, os animais e as plantas, os pastos, as florestas ou as estepes. A lei, a propriedade, o cuidado pastoril com o "cada um" que se vê conduzido como um "todo" prolongam geometricamente uma força e um *design* que se originam de uma *hybris* acéfala.

Nesta paisagem nada soa. O tempo não passa. A História só começa quando um "evento fundamental [...] divide o espaço" (Schmitt, 2014, p. 78). O seu advento implica que o tempo seja neutralizado como tal, e permaneça sublimado como força autônoma na enteléquia do acontecimento nomológico violento que assinala a origem do seu pulsar. A tomada da terra cinde-a em leis de propriedades exclusivas.

Tomar a terra não implica apenas a sua primeira medida (Schmitt, 2014; Pietropaoli, 2019), seu simples ordenamento e localização (*Ordnung/Ortung*). Ela consiste, também, no evento primordial e genético que inicia "cada época histórica" (Schmitt, 2014, p. 79). Ocasiona uma divisão que separa, no tempo, suas duas qualidades: de um lado, um tempo abstrato, espacializado, pulsado e numerável; de outro, um tempo concreto, em fluxo, duracional e não pulsado.

A tomada de terra impõe a medida de todos os ritmos, históricos e geológicos. O evento decisivo que segmenta e divide o espaço é o mesmo que torna o tempo cronometrável, confere a ele uma pulsação determinada, e o distribui segundo uma rítmica e uma harmonia. Origina um tempo pulsado, cronológico, mensurável, espacializado e distribuível de acordo com um *antes* e um *depois*. É assim que o *nómos* aparece como um evento divisor e como divisor de todo evento. Captura espacial e palavra de ordem cronométrica. Cerca, muro, morada, limite, borda e disciplina rítmica marcial. Ele dá nome ao mau encontro e ao inaudível estrondo da catástrofe inaugural.

A única dimensão na qual Carl Schmitt se dispôs a pensar a temporalidade do *nómos* e da tomada de terra é aquela que poderia recolhê-los na história e na lógica divisão das épocas. Ao ver "medida, ordenação e forma" como "uma unidade espacial concreta", Schmitt também se admira de o *nómos* se tornar visível quando "um pedaço da Terra é alçado ao campo de forças de uma ordem" (Schmitt, 2014, p. 69).

Essa admiração talvez se deva ao fato de a terra ver-se repentinamente tomada de uma medida, ordenação e forma, o que permite a Schmitt encontrar ali uma fusão lógico-real entre elementos subjetivo e objetivo do *nómos*. Tal fusão é o que comanda sua "Ênfase na origem espacial das representações jurídicas" (Schmitt, 2014, p. 74), mas também acarreta o seu desprezo pelo problema do tempo – reputado abstrato, antítese popular e bergsoniana contra a "concreta" precedência do espaço.

Por isso, Schmitt alude ao *nómos* musical em meio a uma profusão de imagens etimológicas, pastorais, sacras, rituais e jurídicas, para então dispensá-lo como acepção supérflua face ao contexto histórico e jurídico. "A palavra [*nómos*]", diz ele, "não pode perder sua ligação com um evento histórico, com um ato constituinte de ordenação do espaço" (Schmitt, 2014, p. 70). Sua lógica é a do privilégio da história sobre o evento, do jurídico sobre o legislado, e da *hybris* (a desmedida e a violência) sobre a *sophrosyné* (a temperança).

É sintomático que a recusa do sentido musical do *nómos* corresponda à desmedida da exigência histórico-planetária de tomar a terra. Como se o caráter musical do *nómos* ameaçasse evanescer, de uma só vez, o caráter histórico, jurídico e desmesurado da catástrofe nomológica inaugural. Como se o *nómos* musical pudesse abrigar a silenciosa promessa de um outro regime de posse. É significativo, ainda, que a impugnação schmittiana da música ocorra em um capítulo que procurava "restituir à palavra sua força e grandeza iniciais", emprestando ao *nómos* musical o tom de um "tema fora da órbita" (Schmitt, 2014, p. 65).

Embora Schmitt conhecesse profundamente a relação histórica que, entre os gregos do período clássico, aproximava *nómos* e *mousiké* – derivada da associação pitagórica entre harmonia, número e ordem (Arrosi, 2021; Jaeger, 2003) –, sua preocupação era impedir a identificação normativista e positivista, *à l'air du temps,* do *nómos* com a lei.

Já as obras políticas do período clássico estão cheias do que, à primeira vista, poderiam soar como simples metáforas que reúnem as esferas musical e ético-política. Ao se repetirem, veremos essas metáforas excederem sua força analógica, e se revelarem como verdadeiros vetores morfológicos que, pela via da educação, organizam os modos de vida (*ethos*) e a cidade (*pólis*). O Livro II da *República* dá disso um claro exemplo, quando Sócrates faz uma gênese ideal e anistórica da *pólis* – isto é, uma gênese meramente lógica. A razão de ser da cidade, recorda ele, está no fato de "cada um de nós não ser autossuficiente" (Platão, 2012, p. 72 [369b]) ou autárquico; premido por necessidades naturais que em vão nos esforçaríamos para prover como indivíduos.

Na medida em que se identificam e satisfazem as necessidades simples, como comer, beber ou vestir-se, vão proliferar as necessidades voluptuárias. Desse modo, uma *pólis* de início rudimentar cresce conforme se multiplicam as necessidades e as atividades. Isso exigirá a conveniente distribuição dos cidadãos em classes encarregadas da execução de um ofício – e somente dele –, a fim de que o excedente de seu trabalho possa ser partilhado.

Essa distribuição do trabalho, que é também uma distribuição dos modos de viver em blocos exclusivos de sensibilidade (Rancière, 1995), é o meio que permitiria alcançar um nível de autossuficiência e liberação das necessidades que, entre os gregos do período clássico, era condição indispensável para viabilizar a liberdade política e a *eudaimonia* (a felicidade, um estado de satisfação com a vida) de uma pequena fração dos habitantes da cidade. Neste ponto da República, Sócrates fornece o *nómos* da *pólis*, mais tarde ecoado na noção política e ética de justiça: cada um executará um só ofício, com exclusão de todos os demais, colocando o excedente de seu trabalho em comum.

Tal distribuição de lugares exclusivos assegura mais do que uma relação de isomorfia (Badiou, 2014) entre *ethos* e *pólis*. Se a *pólis* é o conjunto de posições sociais e produtivas múltiplas, diversas e reciprocamente exclusivas, a qual assegura que "cada um, cuidando do que lhe diz respeito, não seja múltiplo, mas uno", é apenas para garantir que "a cidade inteira crescerá na unidade, e não na multiplicidade" (Platão, 2012, p. 167 [423d]).

Um problema, pois, assombra a *pólis*. Como totalizar a multiplicidade de que ela é feita? Como impedir que suas partes conheçam uma louca dispersão ao se propagarem? Como conservá-las associadas e, ainda assim, diversas? Como garantir que a *pólis* possa crescer, mas na unidade? Trata-se da questão metafísica, mas também ética e política, do múltiplo e do uno – um problema numérico cuja resolução será nomológica e musical. A solução platônica: bastaria incorporar uma harmonia, organizar musicalmente os corpos e as almas através de uma pedagogia replicável, que fosse transversal às classes e diagonal à sua repartição – e, por meio disso, combater toda virtualidade de outras ordenações possíveis.

A organização da cidade não é harmônica por analogia ou metáfora, mas por possuir atributos ontopoiéticos e modais. A harmonia é um *modo* que compõe os seres em relações estáveis ao passo que os organiza. Ela corresponde a uma rítmica que o *nómos* impõe ao cosmos na medida em que o fabrica, procedendo à organização das almas, dos corpos, bem como dos lugares sociais e produtivos exclusivos uns aos outros. Assim, ela se confunde com a composição estável e paciente de tendências psíquicas (apetitivas, irascíveis, racionais), ao mesmo tempo que ecoa um diapasão, uma nota fundamental, um *nómos* musical que organiza o caráter múltiplo dos corpos e almas em desalinho na unidade harmônica da *pólis*.

O *nómos* da *pólis* é o *logos*, e o *logos* é a lei de composição da *pólis* – sua harmonia e sua nota fundamental. Por isso, "[...] a república, uma vez que esteja bem lançada, irá alargando como um círculo" (Platão, 2012, p. 168 [424a]). Essa frase, aparentemente irrisória, contém as duas verdades sobre a consistência do *nómos* e sobre a sua relação com o *logos*. O *logos* é tanto o nome do evento perdido que *bem* lança a República – com seu *design* geométrico e sua arquitetura vetorial – quanto o *moto-perpétuo* da sua ampliação redundante.

Aqui, tocamos a *primeira verdade do logos*. Ele é a nota fundamental, o evento depois do qual a história começa. É o princípio distributivo, o vetor orgânico e geométrico que pela primeira vez mede a terra, as cronologias, as raças, os corpos, os artefatos, as paixões, os apetites – e os distribui na forma do juízo. Há, no entanto, uma *segunda verdade* do *logos*, que lhe precede. Ele só manifesta uma força fundadora na medida em que se funda na mística da sua própria autoridade.

A *pólis* não é apenas um conjunto de vetores do *logos* – a linha-mestra que comanda os apetites e organiza o irascível. Antes, a *pólis* é uma harmonia; um sistema de redundâncias musicais do *logos*. Donde o seu privilégio (Rancière, 1995) na forma de uma "inteligência" que "vem sempre antes" (Deleuze, 2006c, p. 100). O *logos* é a insondável política que precede o *nómos*. É a agência de um material que se exprime no *nómos*. O conjunto de axiomas inaparentes que erige a *pólis* e a *psyche* como catedrais lógicas.

Entre a terra e a *pólis*, Schmitt e Platão permanecem sensíveis a duas metades distintas do mesmo fenômeno. Enquanto Schmitt se apega às representações espaciais e jurídicas do evento histórico-nomológico que corresponde à tomada violenta da terra, em Platão predominam as práticas musicais e psicagógicas que deveriam repousar na *vigilância* – a ciência régia dos guardiões perfeitos – e em um tipo de pedagogia censória, que selecionaria os gêneros de histórias e poesias autorizadas a circular na *pólis*.

A relação do *nómos* musical com a lei não é, por essa razão, mais inefável. Prova disso é que a palavra *nómos* chegou a nomear uma variedade de cantos que transmitiam o conteúdo das leis numa época em que elas ainda não adotavam a forma escrita. Mais do que apenas um meio de transmissão da palavra da lei, a *mousiké* era "uma componente-chave da prática 'ritual' e do ordenamento social, inseparável da transmissão de um modo de vida (*ethos*)" (Zartaloudis, 2019, p. 342). Sua organização estava longe de visar a um mero efeito estético.

Prevenindo-nos contra esse anacronismo, Thanos Zartaloudis nota que a *mousiké*, já em Homero e Hesíodo, afigurava-se uma força cosmopoética. Uma força nomológica que organizava o cosmos contra o caos (Sutter, 2021). É precisamente a relação entre *pólis* e *psyche*, um *nómos* legal e um *nómos* ritual, uma pedagogia e uma psicagogia da ordem fundada no *logos*, que atesta seu privilégio e seu poder como força de divisão. Mas a força que divide também distribui, e engendra uma organização cosmopoética para as multiplicidades de partes em que o social é partilhado na forma superior de um todo harmônico.

Desde o primeiro livro da *República*, o tema da *eudaimonia* e do *ethos* que lhe corresponde (o modo de vida do "justo") é um enigma que só será resolvido pela unificação problemática entre *nómos* e *mousiké.* A lei social da *pólis*, lei da harmonia total, da distribuição e do número, tem duas faces. A primeira corresponde à instituição censória e à moldagem psicopolítica dos cidadãos. Envolve a proscrição das fábulas mentirosas e sem nobreza, a preocupação em organizar as almas dos cidadãos conforme a boa ordem (*eunomía*) – a ordem do *logos* –, a necessidade de vigiar e impedir inovações subversivas nos gêneros musicais.

Trata-se, sobretudo, de organizar a *mousiké* – complexo das artes dos sons, palavras, teatro e dança – a fim de impedir que se multipliquem na *pólis* as artes imitativas, especialmente a do poeta mimético. Ele, que não apenas "instaura na alma de cada indivíduo um mau governo, lisonjeando a parte irracional [...]" (Platão, 2012, p. 469 [605-c]), mas causa dano ainda maior ao provocar em pessoas "honestas e austeras" arrebatamentos emocionais efeminados e febris, turvando-lhes o juízo sobre o seu valor.

Sua segunda faceta corresponde à relação entre *pólis* e *mousiké.* Ao recordar a Adimanto a importância de vigiar na educação a ginástica e a música, Sócrates afirma que "[...] nunca se abalam os géneros musicais sem abalar as mais altas leis da cidade [...]" (Platão, 2012, p. 169 [424c]). A *mousiké*, portanto, não está implicada apenas em uma prática psicopolítica de organização das almas, na justa repartição dos apetites, paixões e sua consequente sujeição ao *logos.* Ela é o fator de harmonização das condições estruturais para que a *pólis* seja um circuito orgânico de posições diferenciais, e se amplie em círculo, ao redor de um centro, na forma de redundâncias do *logos.*

O *nómos* da *pólis* exige recolher e aprofundar na espessura da alma a ordenação da própria lei: "A lei diz que o que há de mais belo é conservar a calma o mais possível e não se indignar" (Platão, 2012, p. 468 [604b]); "nos mantermos tranquilos e [...] sermos fortes, entendendo que esta atitude é característica de um homem, ao passo que aquela [...] o é de uma mulher" (Platão, 2012, p. 470 [605e]). Por outro lado, o arrebatamento musical corresponde ao afeto político e à emoção extralógica que encerram em potência mil outros modais nômicos para o viver junto. Este é o que "mais se afasta da razão", o que está o "mais distante da lei e da ordem" (Platão, 2012, p. 438 [587a]).

O *logos* é a política da redução metafísica das multiplicidades ao Um. É a lei da harmonia que totaliza e impede a dispersão do múltiplo, organiza a unidade segundo a lei da distribuição e do número. Equação entre *nómos* psicopolítico e lei cosmopoética. Por isso, na República platônica, a *mousiké* corresponde à música já organizada. Aquela que conserva as almas e a cidade livres do arrebatamento *caosmopoético* e extralógico que ameaça reverter o privilégio do *logos* na ordem dos valores e das relações.

Assim, a cidade não é apenas o produto nomológico do *logos*, mas se confunde com a sua duradoura recursão. A *mousiké* precisa, então, ser administrada, organizada, depurada da mentira sem nobreza, da inovação subversiva, do arrebatamento efeminado, da multiplicação mimética enganadora. O perigo extralógico e emocional que ela contém em gérmen é o da potência do falso, que é também a potência caosmótica do simulacro e do devir.

[O antilogos]

A tensão ontológica entre univocidade e diferença percorre as páginas iniciais de *Diferença e repetição*. Em meio a ela, Deleuze introduz a oposição entre *logos* e *nómos* como palavras que remetem a problemas de distribuição, com acepções diferentes e "sem conciliação possível" (Deleuze, 2006a, p. 67).

O problema a que essa oposição remete não se restringe à etimologia do vocábulo *nómos* ou do radical grego *-nem*.[19] Ele está ligado a duas formas de distribuir a diferença na univocidade do ser e, portanto, a duas (ou mais) políticas da ontologia. O *logos*, que vai de Parmênides a Heidegger, passando por Platão e que, em Schmitt, se concretiza em *hybris*; e o *nómos*, que encontra em Duns Scotus, Espinosa e Nietzsche a profaníssima trindade.

No entanto, Deleuze e Guattari (1995a, p. 32) previnem quanto a levar os dualismos longe demais: "Invocamos um dualismo para recusar um outro. Servimo-nos de um dualismo de modelos para atingir um processo que se recusa todo modelo. É necessário cada vez corretores cerebrais que desfaçam

[19] O que Félix Guattari escreve nas últimas páginas de *Heterogênese* também rejeita a via da pesquisa etimológica, que se tornou célebre com Heidegger e conheceu novo fôlego com Agamben. Mais além dessa recusa, Guattari deixa como pista a perspectiva musical e moduladora que toma o político como uma prática ecológica e de composição dos seres: "Não existe uma substância ontológica única se perfilando com suas significações 'sempre já presentes', enquistadas nas raízes etimológicas, em particular de origem grega, que polarizam e fascinam as análises poético-ontológicas de Heidegger. Para além da criação semiológica de sentido, se coloca a questão da criação de textura ontológica heterogênea. Produzir uma nova música, um novo tipo de amor, uma relação inédita com o social, com a animalidade: é gerar uma nova composição ontológica, correlativa a uma nova tomada de conhecimento sem mediação, através de uma aglomeração pática de subjetividade, ela mesma mutante" (Guattari, 1992, p. 85).

os dualismos que não quisemos fazer e pelos quais passamos". Assim, *logos* e *nómos* não descrevem polos substanciais ou essências, mas as componentes de passagem entre problemas. Por isso, veremos Deleuze descrever o *nómos* pastoral tanto por oposição quanto por adjacência à *pólis* e ao *logos*.

O que importa aí não é fixar *nómos* e *logos* como polos opostos e duais, nem como termos meramente contínuos e desprovidos de tensão. É preciso perceber que *cada dualismo individua um embate*. Distribui as diferenças, situa as franjas e o *entre* e exige a nuance. No caso de *Diferença e repetição*, medeia a compreensão do processo pelo qual o pastor nômade e seu rebanho habitam um território – e, como nômades, recusam-se a abandoná-lo.

A dualidade *logos-nómos*, portanto, importa menos do que o problema a que ela se refere, e que se confundirá com o da República platônica: como tratar materiais múltiplos como se fossem unos? Pergunta que só o *logos* pode formular (porque ela exige os termos do *logos*), e que só o *logos* poderia responder adequadamente. Só se pode tratar multiplicidades como unidades ao preço de numerá-las, submetendo-as a uma distribuição harmônica, e admitindo como premissa a unidade profunda e compartilhada por cada uma das suas menores diferenças.

Uma política precede o ser que o *logos* designa. O *logos* implica a partilha prévia da diferença na univocidade do ser, erigindo um princípio, uma distinção hierarquizante, um modelo judicioso, uma razão de tipo analógico que governa e distribui a univocidade do ser na forma de diferenças exclusivas, delimitadas e proprietárias. Um tipo de distribuição que "procede por determinações fixas e proporcionais, assimiláveis a 'propriedades' ou territórios limitados na representação" (Deleuze, 2006a, p. 67). Ela exige a precedência de uma razão organizadora. Mobiliza uma primeira medida, um *metron* originário, uma hierarquia das diferenças. Porém, no fundo, tudo é *como* o Todo, Uno e igual entre si. Bastaria reencontrar seu princípio estanque, reconhecê-lo, recordá-lo, deixar a razão girar na redundância do *logos*, que faz também a lei. *Nómos* sedentário.

Por oposição, há um outro *nómos* que Deleuze chamará nômade ou nomádico, e que implica uma distribuição inteiramente outra: "sem propriedade, sem cerca e sem medida. Aí, já não há partilha de um distribuído, mas [...] repartição daqueles que *se* distribuem num espaço aberto ilimitado, ou, pelo menos, sem limites precisos" (Deleuze, 2006a, p. 67). Não se trata de partilhar a terra, o espaço ou a univocidade do ser *entre* diferenças. Trata-se, sim, de errar e delirar sobre a terra, o espaço, o ser como univocidade que só se diz da diferença. Isto é, distribuir-se no ser já como diferença sem totalização, ocupar o ser sem produzir sínteses, senão parciais – apenas fragmentos que falam por si mesmos e que não emanam de uma totalidade prévia.

Nómos da ocupação nomádica contra o sedentarismo da propriedade. Sem muros ou cercas, a diferença se espalha e individua em uma polirritmia anárquica pela terra indivisa do ser; expande seus limites, propaga-se em diagonais loucas (não em círculos) como efeito do desenvolvimento da sua potência no tempo. Não há medida original, princípio ou hierarquia. A unidade e a totalização já não respondem ao "problema da multiplicidade" e da sua dispersão, como na República. A dispersão tornou-se, agora, o estilo da consistência adquirida pela distribuição da diferença no plano unívoco do Ser. Plano de imanência. Planômeno ou *nómos* planar.

No *corpus* "de um Ser unívoco e não-partilhado" (Deleuze, 2006a, p. 68), a distribuição anárquica e desmedida de todas as diferenças sobre um mesmo plano assinala a sua univocidade e impõe "a igualdade do ser". Inseparável do que ela pode, a diferença é primeira e a igualdade no ser é segunda. Esta, a univocidade da diferença, a singularidade. O círculo se rompe em espiral, e a espiral instala uma comunicação transversal. Diagonais e linhas de fuga. Assim, a multiplicidade já não faz problema. Ela se torna um *tensor* da consistência, que já não passa pela unidade, pela síntese ou pela totalização.

Entre os juristas, coube a Laurent de Sutter (2019) polemizar com os intérpretes anglófonos da filosofia do direito de Deleuze sobre a distinção necessária – e, em língua inglesa, difícil de apreender – entre lei (*lex*) e direito (*jus*). Uma distinção que reencena na filosofia do direito de Deleuze o embate entre Atenas e Roma; isto é, o modelo jurídico grego, baseado nas leis, no Bem e no *logos*, e o romano, baseado na casuística e na singularidade de problemas concretos. Platão contra Nietzsche. Mas esse embate não é o único.

Na segunda parte de *Proust e os signos* (1976), Deleuze enunciou ainda um outro, que Proust conduziu em seus próprios termos. O embate entre Atenas e Jerusalém. Entre o *logos* grego e o *antilogos* judaico – que remete à violência pática e afetiva do encontro fortuito com os signos. A tensão entre um *nómos* platônico, presidido pelo *logos* como inteligência prévia e organizadora (Deleuze, 2006c), e um *nómos* proustiano-espinosano permite descobrir a linha de fuga que faz variar a ideia de lei.

A história da noção de lei no Ocidente é a da sua progressiva privação de *logos*. Bem o mostra que, de Platão a Kant, tudo muda. Enquanto as leis platônicas se fundam na ideia de Bem, derivam sua potência do *logos*, e promovem uma distribuição harmônica das partes totalizando-as por ressonância na unidade de um "melhor relativo" (Deleuze, 2009, p. 82), com Kant as leis regem "um mundo de fragmentos não totalizáveis e não totalizados" (Deleuze, 2006c, p. 124).

A verdadeira revolução copernicana é a da tomada de "consciência moderna do antilogos" (Deleuze, 2006c, p. 124), porque passamos do modelo "das leis" e do "melhor", lastreado na ideia de Bem, ao modelo de uma lei que tem por exclusiva fonte de autoridade sua própria forma, desprovida de qualquer conteúdo determinado: "ela não diz mais o que é bom, mas é bom o que diz a lei" (Deleuze, 2006c, p. 124). Em Kant, a lei rege um mundo privado de *logos*, mudando de potência e de figura.

O embate entre Atenas e Jerusalém tem dois capítulos. O primeiro é Kafka, que encarna a consciência mais aguda e depressiva da virada kantiana quanto ao modelo da lei. Ele é quem melhor interpreta o seu fantástico paradoxo: sua incognoscibilidade (não sabemos o que a Lei quer de nós) e sua culpabilidade *a priori* (é por não o saber que só podemos obedecer à Lei como já culpados) (Deleuze e Guattari, 2003). Mas "a posição depressiva serve apenas para encobrir uma posição esquizoide mais profunda", dizem Deleuze e Guattari (2010, p. 63). O segundo capítulo desse embate é Proust, que encarna a consciência esquizoide da lei. Nela, a culpabilidade – não mais vivida como culpa moral, mas social – "oculta uma realidade fragmentária mais profunda, [...] à qual nos levam os fragmentos separados" (Deleuze, 2006c, p. 125).

É a transversal das Jerusaléns montadas pelas máquinas literárias de Kafka e de Proust que combate a vertical da lei platônica, do familiarismo edipiano e da forma incognoscível e já culpada da lei kantiana. Essa transversal opera uma dupla descoberta. Por meio de uma desmontagem ativa dos seus agenciamentos, Kafka descobre a justiça como polivocidade do desejo capaz de explicar, no limite, toda repressão autoinfligida (Deleuze e Guattari, 2003). Mesmo a lei edipiana era, já, política e investimento libidinal. Édipo não exprime outra coisa que a relação entre produção social e produção desejante (Deleuze e Guattari, 2010, p. 135).

Por outro lado, Proust encarna a consciência esquizoide e desejante da lei que é o próprio *nómos* de um mundo privado de *logos:* "a lei nada reúne no Todo [...]; ao contrário, mede e distribui os desvios, as dispersões, as explosões daquilo que extrai da loucura sua inocência" (Deleuze e Guattari, 2010, p. 63). É a multiplicidade – "empregada como substantivo, superando tanto o múltiplo quanto o Uno" (Deleuze e Guattari, 2010, p. 62) – o tensor que faz fugir o *nómos* ao modelo do Uno e das leis, da *pólis* e da sua totalização redundante antecipada no *logos.*

O *nómos* nômade se confunde com a lei-esquize, molecular e polimorfa, que se desprendeu da lei helênica e da molaridade edipiana. O *antilogos*, ou melhor, desejo, nos põe diante de uma lei-esquize que absolve os universos fragmentados sem unificar ou totalizar as suas partes. *Nómos* que rege um mundo privado de *logos* no qual só restaram os ritmos.

[As lutas e os ritmos]

Se propomos que o ritornelo, uma ideia musical, possa ser pensado como uma categoria política da filosofia do direito de Deleuze e Guattari, é porque a música e o ritornelo maquinam "A *desordem assustadora*" (Deleuze, 2006c, p. 158).

Também, porque o ritornelo nos reconduz ao centro do problema propriamente político dos controles.

Na medida em que o *nómos* de nossas sociedades passa a ser o da comunicação e da informação, o dos sistemas de palavras de ordem, talvez o ritornelo possa nos ajudar a abri-lo ao potencial modal e político que as intensidades musicais abrigam. Afinal, todo o problema atual reside nisto: como ultrapassar os agenciamentos presentes se já não há um "Fora"? Como fazer fugirem os próprios agenciamentos sem recusá-los, e sem nos evadir ou perder o contato com eles? Como romper o círculo da comunicação, atravessar a redundância da informação, liberar as forças e o material intenso que as palavras de ordem contêm?

Ao recaptar o problema na intensidade musical do *nómos*, talvez possamos avançar numa política que exceda a medida e os agenciamentos dos controles a ponto de preparar sua reversão. Mesmo sendo um conceito de menor importância na vasta literatura que se ocupou da filosofia do direito de Deleuze, o ritornelo é o conceito que incorpora e desenvolve a potência modal interna aos agenciamentos para a fuga, para a autorreversibilidade. Compreendendo a indeterminação dos controles, ele reinstaura um tempo não pulsado e um território por constituir.

A potência modal da música e sua política residem em fazer desprender um tempo não pulsado de um tempo pulsado (Deleuze, 2016, p. 162). Libertar moléculas sonoras ali onde se acreditava modular notas ou tons puros de acordo com um código cromático. Essa libertação de moléculas sonoras é literal. Ela corresponde a uma lenta mutação que se operou na máquina musical e no plano de consistência sonoro. Um momento em que a música conhece toda uma nova individuação. Os devires criança, mulher, pássaro, inseto, cósmico, a que Deleuze (2005) e Deleuze e Guattari (1997a) aludiram descrevem as linhas, ou fluxos moleculares, que expressam a desterritorialização dos conteúdos, ou coordenadas molares, da articulação entre máquina e plano. Tudo o que interessa é a intensidade molecular que se faz passar, mesmo que seja entre dois polos binários e molares.

O que Deleuze e Guattari querem ao revisitar a música europeia dos séculos XIX e XX é mostrar que toda "distribuição pontual e molar é uma condição para novos fluxos moleculares que vão cruzar-se, conjugar-se, arrebatar-se numa instrumentação e numa orquestração que tendem a fazer parte da própria criação" (Deleuze e Guattari, 1997a, p. 111). Não importa nem o dualismo, nem a molaridade, mas a conjugação que alavancam para transpor um novo limiar de desterritorialização do conjunto que integram.

Na música, em um plano de composição distinto, continuamos às voltas com uma operação transdutiva e expressiva em tudo análoga à que encontrávamos na jurisprudência: prolongar as singularidades de um movimento contínuo de liberação de moléculas sonoras. Uma liberação de intensidades moleculares, sonoras e não musicais, elementares e cósmicas, recaptadas em planos expressivos inéditos.

É a música do pós-Segunda Guerra Mundial que testemunhará, talvez com maior força, uma explosão de variações desse movimento. É o caso de Schönberg, Webern, Berg, Cage, Messiaen, Boulez, Varèse e Stockhausen, por exemplo. Não por acaso, compositores que experimentaram a variação de códigos, materiais sonoros e meios, manifestando seus prolongamentos na atonalidade, no dodecafonismo, na microtonalidade, no serialismo integral, na música concreta, na música eletrônica, na música aleatória, etc.

O nomádico qualificará, agora, um *nómos* antilógico que ultrapassa o *nómos* da informação e dos controles. Se Simondon (2020a) denuncia a insuficiência técnica do modelo hilemórfico matéria-forma, é por duas razões: primeiro, porque "a ideia de lei [...] garante uma coerência a esse modelo, já que são as leis que submetem uma matéria a tal ou qual forma, e que, inversamente, realizam na matéria tal propriedade essencial deduzida da forma" (Deleuze e Guattari, 1997b, p. 90). Segundo, porque o modelo hilemórfico abstrai as singularidades e as hecceidades, os tensionamentos, as torções e os traços de expressão que já estão na matéria em potencial – como as propriedades coloidais da argila, "carregada de formas potenciais" (Simondon, 2020a, p. 40).

Na operação de tomada de forma, é tanto uma força intrínseca e material que produz um tijolo quanto o seu molde pré-montado. Isto é, o modelo hilemórfico simplifica e abstrai no modelo matéria-forma, e no ato de moldagem, "uma materialidade que possui um *nómos*" (Deleuze e Guattari, 1997a, p. 90); isto é, que está carregada de singularidades pré-individuais, que não são nem formais, nem materiais, mas desdobram-se ao longo de um *phylum* maquínico: "a matéria em movimento, em fluxo, em variação" (Deleuze e Guattari, 1997a, p. 91).

Embora Deleuze e Guattari deem o exemplo do artesão que segue a matéria-fluxo e as matérias de expressão que se prenunciam na madeira – as linhas, os veios e os nós que conduzem a intuição em ato da marcenaria –, e depois o exemplo da metalurgia, é no modo da intensidade musical desterritorializada que o *nómos* se liga outra vez àquilo que ele pode.

A lenta mutação da máquina musical é atravessada por desterritorializações e territorializações. Primeiro, o canto, e a precedência da voz e dos pássaros. Depois, a reterritorialização e a ressexualização binária e molar da voz em Verdi e Wagner. Então, a instrumentação orquestral como nova maquinação da voz. Por fim, a liberação de uma criança e uma mulher moleculares "torna audível essa verdade de que todos os devires são moleculares. [...] [e] o molecular tem a capacidade de fazer comunicar *o elementar* e *o cósmico*" (Deleuze e Guattari, 1997a, p. 112).

Na medida em que a maquinação musical varia – como um sintetizador molecular instalado num espaço liso –, ela desprende dissoluções formais e liberações moleculares, mas também secreta reformalizações e calcificações molares. Nessa tensão dinâmica, ela arrisca ora reiterar, ora ultrapassar o limite do nomadismo codificado pelos controles e pelo capital.

Explicitamente, é no platô sobre o ritornelo que Deleuze e Guattari (1997a, p. 118) retomam o sentido musical de *nómos*: "Um 'nomo' musical é uma musiquinha, uma forma melódica que se propõe ao reconhecimento, e permanecerá como base ou solo da polifonia [...]". Isto é, o ritornelo é o material ondulatório e sonoro que exprime a consistência musical de um rumor, de um vozerio, de uma gritaria. Ele é a fórmula melódica em que multiplicidades privadas de *logos* – vozes, rumores, *phoné* – se afrontam, tensionam, recompõem e ganham nova consistência e velocidade. Ele é o plano em que as lutas se desenvolvem em ritmos – como as oposições, em regimes de compossibilidade.

Isso faz do ritornelo uma solução muito diferente da *mousiké* platônica. Ele não remete à música organizada, sistematizada, taxonomizada e dividida em gêneros estanques mantidos pela ciência vigilante de uma pequena elite de chefes perfeitos. O ritornelo não está sujeito ao sistema redundante do juízo logocêntrico que ordena a *pólis* em um círculo que dá forma ao Uno-Todo. Tampouco precisa guardar fidelidade psicopolítica máxima às Leis da *pólis* e ao *Eidos* de Bem que elas inspiram.

O ritornelo arranca do caos um cosmos, mas mantém o caos como um *milieu* pré-individual prenhe de direções vetoriais, de matérias de expressão e de forças em estado livre. *Caosmo*. Se nele pode constituir-se uma redundância, esta não é forçosamente centrípeta e circular, e nem se amplia na obediência surda ao privilégio do *logos* ou ao ecumenismo do capital. As redundâncias se constituem precariamente, como efeito rítmico e expressivo que produz territorializações e derivas. Ele é um *nómos* muito diferente da lei e da *pólis*. Um tipo de consistência duracional que se mantém unida à potência de saltar sobre o seu próprio território ou limite. É assim, de maneira segunda, que sua consistência envolve um espaço, produzindo um bloco mutante, uma máquina de guerra que dura.

Se o ritornelo desempenha uma função territorial, já não será imaginando o território como o meio que uma lei afônica loteia e distribui, mas como "[...] produto de uma territorialização dos meios e dos ritmos" (Deleuze e Guattari, 1997a, p. 120). O ritornelo é o organizador do agenciamento e o fator de desterritorialização, de passagem ou de fuga do agenciamento dado.

O ritornelo contém uma dimensão a mais do que o *nómos* do controle e do capital, e que torna possível transpor os limites relativos de seu nomadismo. No caso do ritornelo, não se trata apenas de um agente de composição e de organização (isto é, um agente de tomada de fluxos e de componentes), mas de um fator de fuga do próprio agenciamento, em relação ao qual o território é segundo: "O território não é primeiro em relação à marca qualitativa, é a marca que faz o território. As funções num território não são primeiras, elas supõem antes uma expressividade que faz território" (Deleuze e Guattari, 1997a, p. 122). Se a ideia de espaço tem, aqui, qualquer função, é na medida em que a precedência da marca qualitativa e polívoca evoca a definição de espacialidade do compositor Pierre Boulez (2017, p. 20): "[...] potencial de distribuição polifônica, índice de distribuição de estrutura".

Assim, um ritornelo pode ser a canção de uma criança no escuro, a seleção circular do *ethos* ou da morada ou a improvisação que, ao romper o círculo e seu centro calmo, o acelera em uma linha de errância. Mas a linha de errância que um ritornelo exprime é sempre primeira. Como uma política que vem antes do ser, é a linha de errância do ritornelo que rompe a redundância, ou então se envolve no desenho de um centro calmo, traça um círculo habitável – seja ele um *ethos* ou uma *pólis*.

***

Não deveria espantar que os textos em que Deleuze mais se contrapõe à comunicação e à informação sejam, principalmente, textos sobre música. Parecemos avançar vagamente em direção a um curioso "privilégio da orelha" (Deleuze e Guattari, 1997a, p. 165). É que a música recorda que a comunicação e a informação nada têm a ver com o visível. A rigor, nem com o enunciável. A música não é nada que se veja, nem que se possa contar.

Dizer uma música a alguém é pôr-se imediatamente a cantarolar como uma criança ou uma mulher; pôr-se a assobiar como um pássaro. É um salto imediato em um material expressivo, molecular e intenso que não começou com uma notação inteligente e partitural, nem com uma divisão rítmica. Assim como a linguagem pode ser agramatical, a música pode ser atonal.

Tampouco é à toa que as mais belas páginas que Deleuze escreveu sobre a pintura tenham como tema o grito, e que ele seja invocado como a expressão gutural e sonora de tudo o que se afigura intolerável. Só se grita para exprimir o intolerável. Esse estado que, entretanto, não existe como tal. O intolerável é algo que *se torna*. Um círculo de estorvos mínimos, de minúsculas sujeições microfísicas. Uma matéria infinitesimal que, despercebida, afeta e se acumula no sensível até não poder mais. Daí o grito. Dimensão *antilogos* da *phoné* que interrompe a redundância em que se forjou uma sensibilidade especial para o intolerável.

Como a impressão de uma frase musical, o grito é imaterial (Deleuze, 2006c). E assim como a política nada tem de pessoal, um grito não é individual, mas princípio de individuação. Um grito pode reunir multidões ao seu redor ou despedaçar corpos políticos íntegros. Enquanto a informação pode sequestrar crenças, e a palavra de ordem pode extorquir comportamentos, só as canções arrastam os corpos, falam-lhes por si mesmas – embora nunca como *logos*. Seu regime de intensidades é inteiramente outro. Não o da unidade ontológica, nem o da totalidade orgânica, tampouco o da distribuição harmônica.

A intensidade musical do *nómos* também tem um regime. A *desordem assustadora* de Proust; a *anarquia coroada* de Artaud. Nenhuma delas "preocupada com o todo nem com a harmonia" (Deleuze, 2006c, p. 158). Mais do que a pintura ou a literatura, a música – não como disciplina estética organizada, mas como regime de intensidades, qualidade sonora e paisagem sônica – "*produz movimentos forçados*", é "produção em estado puro" (Deleuze, 2006c, p. 159).

Como ela pode colocar "em presença [...] uma multiplicidade de durações heterócronas, qualitativas, não coincidentes, não comunicativas" (Deleuze, 2016, p. 164)? Como ela pode articular um tempo não pulsado, liberado da medida, sem lançar mão da consciência de um sujeito transcendental, portador da síntese do próprio espaço-tempo?

É que a música incorpora antes de todas as artes, e antes mesmo da filosofia, a solução para o problema das multiplicidades. Uma solução que não passa pela unificação, pela totalização, pelo organismo. Ao lado da descoberta de moléculas sonoras, capazes de atravessar diferentes camadas rítmicas, a música inventa um tipo de individuação sem sujeito e sem identidade (Deleuze, 2016) que já não combina uma forma com uma matéria. Há apenas seres musicais que não cessam de se individuar.

Em vez de o som remeter a uma paisagem, a música agencia e porta uma paisagem sônica (Labelle, 2022), carregada de moléculas sonoras heterócronas, de índices de individuação multivetoriais e de velocidades de desenvolvimento melódico, díspares e atonais. Sua consistência deriva do acoplamento livre, sem medidas cronométricas, de um material sonoro ao conjunto de forças não sonoras, inaudíveis.

É assim que reencontramos, na música, o ritornelo como operador maquínico. Ele funciona como fator de consistência para polifonias de vozes minoritárias, para gritos de populações moleculares, para o rumor dividual "do Um-Multidão" (Deleuze e Guattari, 1997a, p. 158). Ou então funciona como um "sincronizador molecular" (Deleuze e Guattari,

1997a, p. 141) que articula as diferenças, elabora um material sempre mais rico, permite identificar a variação contínua, a passagem de uma ordem a outra, e o "diferente como tal" (Deleuze, 2016, p. 316).

Mas se "a música é uma política" (Deleuze, 1988, p. 26), também é porque ela contém dois perigos potenciais. Perigos que se estendem às transduções e operações expressivas que lhe são correlatas, como as que ocorrem na jurisprudência dos corpos. Deleuze e Guattari nomearam esses perigos de maneira cibernética e política – os perigos do ruído e do fascismo.

O ruído ameaça a discernibilidade das diferenças e a consistência de um agenciamento. Ele é uma síntese de disparates, uma multiplicação excessiva de linhas que apaga a discernibilidade entre os heterogêneos. O ruído os torna vagos e confusos, fazendo-os perder a consistência. Rasurado pelo ruído, um ritornelo arrisca tornar-se uma redundância do território "assombrado por uma voz solitária" (Deleuze e Guattari, 1997a, p. 155). Operação que, a pretexto de abrir um emaranhado de sons, os apaga. *White noise*. Linha de proliferação que se torna linha de abolição sonora (Deleuze, 2005, p. 321).

De outro lado, está o fascismo potencial da música. Ele reside na sua relação muito essencial e ambígua com o corpo. Mesmo imaterial, "o som nos invade, nos empurra, nos arrasta, nos atravessa. [...] Ele nos dá vontade de morrer" (Deleuze e Guattari, 1997a, p. 166). Se as palavras de ordem podem emitir sentenças de morte, a música pode ser atravessada por uma pulsação assassina: "Não se faz um povo se mexer com cores. As bandeiras nada podem sem as trombetas" (Deleuze e Guattari, 1997a, p. 166).

A música produz corpos musicais, faz com que eles tomem forma, instaura ecologias no sensível. Não dizemos que a música é corporal apenas por sua capacidade de mobilizar os corpos, de atravessá-los fisicamente na qualidade de onda acústica, mas porque ela mesma *fabrica* um corpo sonoro, molecular, imaterial, e é capaz de padecer dos encontros com outros corpos, da súbita variação de velocidades, da montagem de blocos materiais que ora a isolam, ora a difratam por uma fresta, e ora a arrastam num efeito-Doppler.

Como um corpo qualquer, *os corpos musicais se definem por sua consistência sônica*; isto é, por suas capacidades de afetar e de serem afetados, por sua maior ou menor inclinação em participar de variações. É nesse sentido que os corpos musicais encarnam, eles próprios, ecologias do sensível: gérmens de variações moleculares mais ou menos tensas, mais ou menos livres, potencialmente perigosas. A ambiguidade da música é precisamente esta. Ela vai do imaterial aos corpos, do gérmen ao *soma*. E então, os exige, os penetra, os recruta, mobiliza os corpos e os faz vibrar. A música pode produzir corpos sonoros harmonicamente fechados em círculos assassinos. Isso não ameaça a consistência, mas a petrifica como um cristal privado de diferença consigo.

Os dois perigos que cercam a música – o ruído, o fascismo potencial – são perigos de redundância. O primeiro, por perda de consistência e discernibilidade; o segundo, por cristalização e homogênese assassina. Ambos lançam o ritornelo em um círculo fechado – seja por vagueza e confusão, seja por mobilização assassina dos corpos. Um ritornelo sempre pode comunicar palavras de ordem, fazer ressoar buracos negros, converter-se em um refrão fascista ou em um estribilho viscoso. Sempre arriscamos retroceder à unidade ou ao fechamento circular.

O fato de que o ruído e o fascismo também sejam potenciais da informação e da comunicação deveria bastar para nos darmos conta do sentido musical do *nómos*. Ele se desenvolve na ambiguidade de pensar o *nómos* dos controles e da informação como música, e a música como uma política que precede o ser e prolonga o *antilogos*. Um materialismo radical povoado de moléculas insondáveis e de populações moleculares. Talvez elas preparem mais do que vacúolos de não comunicação, interruptores de redundâncias ou condições de sobriedade contra o ruído. Quem sabe maquinem um rumor nos corpos, um vozerio inumano, um grito dividual contra o intolerável. Gérmen musical do corpóreo, copresença de outros *nómoi*.

Se as nossas formações sociais podem ser definidas como sociedades de controle, é porque elas já não operam pela imposição de formas a matérias e corpos, mas pela transdução incessante de materiais mais intensos e dividuais, como os dados e a informação. Nessas condições, *a política da nossa era é a das lutas pelos ritmos, a das lutas pelas modulações*.

As lutas já não se conduzem como meros interruptores de fluxos, mas como modulações somáticas e nomológicas – jurisprudências dos corpos. Elas tentam interromper um determinado andamento para experimentar um ritmo. Tanto quanto possam, procuram prolongar esses ritmos em invenções de regimes de compossibilidade em que os possíveis permaneçam ávidos. Eis o traço de união entre as lutas e os ritmos: não a avidez que nos trouxe ao Antropoceno, ao Capitaloceno, ao Plantationceno (Haraway, 2016); mas a outra avidez, germinal e atenta aos compossíveis.

As lutas testemunham uma avidez de se apossar de tudo o que ritma a vida planetária, inclusive o direito. Na música, passamos do gérmen aos corpos, mas no direito e na política passamos também dos corpos ao gérmen. A jurisprudência dos corpos, no fundo, torna isso manifesto. Os corpos não interrompem por interromper. Não existem 4'33" de silêncio e de solidão.

Mesmo Cage, metido numa câmara anecoica, ouvia o ritmo do sangue irrigando seus membros, o marulho da boca salivando, o assobio da respiração, o farfalhar dos pelos eriçando, o zumbido elétrico dos seus neurônios. Onde cremos surpreender os interruptores dos fluxos, sempre se infiltram grupos de usuários e, com eles, a propagação molecular de desejos de mudar a música, de virar o disco, de resvalar no *shuffle*. A política de contrabandear aqui e ali a tocada do mundo, a levada das coisas.

Às vezes os corpos se movem. Às vezes, se rebelam sem sair do lugar. Se preciso, adoecem. Ameaçam até apodrecer. Mas se combatem, como um corpo enfermo luta consigo no limiar da desaparição. Tartamudeam palavras de ordem. Balbuciam a ordem das palavras. E então param para escutar o rumor da vida. Nem que seja só um pouco: ouvir que som tem o tempo antes de todo pulso. A vida no modo aleatório. Saber que a única lei dos corpos é abortar o real. Escutar germinarem os possíveis. E prolongá-los, prolongá-los..., aprender a lutar nos seus ritmos.

[De volta ao ritornelo]

Como num refrão que espirala, voltamos ao ritornelo para explorar as consequências jurídicas e políticas do *nómos* musical em Deleuze e Guattari. Para imaginar o ritornelo como conceito de uma filosofia do direito. Não porque ele seja um *riff* ou um refrão-chiclete, mas porque *o nómos* musical deixa pensar outros *nómoi* do direito – distantes da psicopolítica musical logocêntrica e hilemórfica que conforma a *pólis* clássica (Sócrates, Platão, Aristóteles), mas também da violência da *hybris* da tomada de terra schmittiana e sua política exceptiva.

Ser nômade é criar um espaço liso, ocupá-lo e recusar-se a abandoná-lo. Uma espécie de vagabundagem ou itinerância que acontece nas franjas adjacentes à *pólis*. O barulho da cidade não deixa ouvir nenhum trinado das flautas pastorais. É que o *nómos* musical é um composto de transversais errantes e não euclidianas – para além de toda lei – que intercepta os *nómoi* jurídico e político nas suas pontas de desterritorialização. Aí, ele arrisca produzir liberações moleculares e de materiais de expressão cuja polirritmia poderíamos seguir. Ao mesmo tempo, redescobre a heterogeneidade dos materiais agenciáveis que esses *nómoi* organizam.

Um *nómos* agencia sempre muito mais do que pessoas, palavras e coisas; muito mais do que espaços, territórios, arquiteturas ou paisagens. Cada um desses termos já são agenciamentos inteiramente formados. Quando Deleuze e Guattari dizem que um ritornelo sempre carrega consigo um pedaço de terra, não significa que as canções sejam territoriais, mas que os territórios são musicais, e que o ritornelo é primeiro.

Como os nômades basquírios[20] compreenderam bem, não apenas há uma política na música, mas todo *nómos* musical é inseparável do político. Não por acaso, sua melodia mescla o "escalar acima e o galopar abaixo as colinas, o suspiro materno, o trinado crescente dos rouxinóis, e a doçura

[20] Toponímico dos habitantes da antiga Basquíria (hoje, República do Basquiristão ou do Bascortostão). Integrado à Rússia, seu território vai das encostas ocidentais dos Montes Urais do Sul até as colinas dos Montes de Bugulma-Belebey, e é habitado por russos, tártaros, basquírios, populações chuvash e mari, ucranianos e mordovinios.

da vida na terra-natal" (Khannanov, 2010, p. 253). *Nómos* que se refere a processos informais e ressonâncias, que infunde um "puro poder de unificação rítmica" (Khannanov, 2010, p. 257). Como a jurisprudência, a vida se move por toda parte numa dissonância melódica universal que, no entanto, *consiste.* Um território é um composto de afetos sônicos que se propagam no ar, na água, na terra, e circulam entre os corpos. O caosmos é feito de danças moleculares politicamente agitadas num *nómos* musical.

O problema não está no fato de se recusar ao *nómos* musical qualquer pertinência política ou jurídica. O problema é que a ausência da transversal musical do *nómos* cerra os *nómoi* jurídico e político sobre si mesmos. Impede a liberação dos materiais intensos, expressivos, imanentes, que eles organizam e encerram, e esmagam as suas pontas de desterritorialização. O problema não é estético sem ser materialista. Voltar ao ritornelo arrisca liberar um sem-número de elementos moleculares que podem operar reconversões subjetivas, na medida em que colocam a subjetividade em contato com novas e intensas matérias de expressão.

Em *primeiro lugar*, o ritornelo reposiciona o enigma ontológico do múltiplo e do Uno nos termos de um problema político, de composição e de relações materialmente constitutivas dos seus termos. A solução do ritornelo é antiplatônica e contra-aristotélica. Não passa pela ideia clássica de lei ou por seu hilemorfismo. Descerra, ao contrário, a partir do *nómos* musical, o potencial de liberação molecular de matérias expressivas (singularidades, *hecceidades*) que podem ser, então, seguidas, prolongadas, como fluxos vetoriais de reversão e desterritorialização de um agenciamento dado.

O *nómos* musical coalesce com o ato de criar e ocupar um espaço liso, nomádico, que, embora contíguo ao espaço estriado e sedentário, molecularizа e minoriza pontas das estratificações molares a fim de maquinar suas fugas. Tudo que é sólido se desmancha no som. Mas não basta partir, fugir, evadir-se, evolar-se. É preciso *fazer consistir* a fuga e o território novo que se faz fugir.

Em *segundo lugar*, voltar ao ritornelo e ao *nómos* musical nos deixa captar como a lei e o direito se transformam e divergem na passagem das sociedades disciplinares às sociedades de controle. Isso não contribui apenas para iluminar aquilo que o *nómos* jurídico estaria se tornando, mas fornece uma nova compreensão do *nómos* da informação e dos controles. Ao mesmo tempo que relaciona seus perigos (o ruído e o fascismo, que já se experimentam um pouco por toda parte no mundo), essa abordagem mostra como ele se organiza a partir da mais recente desterritorialização capitalista.

Porém, em vez de nos lançar aos determinismos técnico-econômicos, ou ao beco politicamente sem saída da reiteração infinita que o regime da informação supostamente nos prepara, o ritornelo é uma repetição geradora da diferença – como numa espiral, não como num círculo. Ele é sensível às geometrias vagas – itinerantes, vagabundas –, e assinala que mesmo nas dimensões mais molares de um agenciamento dado podemos espreitar reversões e fugas.

Em *terceiro lugar*, numa direção que não podemos explorar agora, há consequências poderosas em afirmar que um *nomo* musical não é, por definição, nem etnológico, nem humano. A música aparece como uma comunicação diagonal e possível entre elementos moleculares, cósmicos e não humanos. O ritornelo testemunha a dimensão ao mesmo tempo etológica (a melodia cântica dos pássaros, a orquestração polissônica dos insetos), minoritária (os devires-criança, -mulher, -animal na música, mas também a homossexualidade vegetal e molecular que secunda o refrão proustiano) e composicional de um cosmos. Isto é, uma política de composição de multiplicidades que retorna ao problema da univocidade e da diferença sem passar pelo Uno, pela totalização, pela síntese ou pelas figuras do idêntico.

Não é o *nómos* musical que nos permitiria pensar assim ou de outra maneira. Mas ele torna audíveis forças inaudíveis em cuja presença já estamos. Ressoa com as pontas desterritorializadas de uma *materia percipiendi* que nos rodeia. Compõe com matérias expressivas que o *logos* ou a *hybris* só poderiam tocar negativamente e por esmagamento.

Sua função não é nos dar um *nómos* novo, idílico e pacificado, mas provocar alterações nas ecologias do sensível. Fazer entreouvir os possíveis que decorrem do potencial molecular e modulador do *nómos* musical. Nunca uma música – boa ou ruim – mudou coisa alguma. Nossa aposta é a de que a menor frase musical pode tornar sensíveis as porções reais dos agenciamentos em curso onde as lutas mudam.

UMA POTÊNCIA TERRÍVEL (DELEUZE INTERCESSOR)

Simone Brott anotou acertadamente que "O intercessor não é um simples conduíte para a informação, um mediador silencioso, mas um ato ou uma intervenção política [...]. O intercessor não se instala entre dois pontos fixos para uni-los ou conciliá-los, mas trama sua vingança contra as condições existentes – das quais ele foge" (Brott, 2010, p. 138). Daí porque repetir um intercessor é um modo de fugir a toda retrospecção. O que soa como comentário ou citação, sem deixar de sê-lo, poderia conter uma falsificação laboriosa, abrindo espaço para a interferência de minúsculas invenções que podem ou não se prolongar em outros circuitos de repetição.

Deleuze sempre se aproximou dos seus intercessores como facilitadores de movimentos de êxodo. É também assim que nos aproximamos de Deleuze, fabricando-o ao modo dos nossos problemas. A própria filosofia de Deleuze é inteiramente construída pelo movimento dos intercessores.[21] Isso não quer dizer que ela careça de originalidade. Nem que todo conceito deleuziano seria em última análise

[21] "O essencial", diz Deleuze, "são os intercessores. A criação são os intercessores. Sem eles não há obra. Podem ser pessoas [...], mas também coisas, plantas, até animais, como em Castañeda. Fictícios ou reais, animados ou inanimados, é preciso fabricar seus próprios intercessores. [...]. Eu preciso de meus intercessores para me exprimir, e eles jamais se exprimiriam sem mim: sempre se trabalha em vários, mesmo quando isso não se vê. E ainda mais quando é visível: Félix Guattari e eu somos intercessores um do outro" (Deleuze, 2008, p. 156).

originado de alhures, tributário de inumeráveis outrem. A filosofia de Deleuze é percorrida pelo movimento de seus intercessores, e é nesta medida que ela se exprime como tensão entre repetição e diferença.

Assim como os intercessores, essa tensão está por toda parte. No método trágico em Nietzsche (Deleuze, 2001b). Na dramatização da Ideia (Deleuze, 2006a). No roubo e no dom (Deleuze, 2006b). Na imaculada concepção (Deleuze, 2008). Na fabricação de séries de intercessores (Deleuze, 2008). Nas personagens conceituais (Deleuze e Guattari, 2007). Tudo é uma repetição reticular de intercessores, e tudo são também redes de intercessões repetidoras.

A repetição manifesta e fabrica o material que intensifica a fuga, o movimento dos intercessores. Sua entrada e saída repentina numa cena singularizam um movimento íntimo. Um teatro da individuação do conceito encarna o *drama* virtual das Ideias. Isso faz da filosofia de Deleuze uma combinação de repetições amorosas, mais ou menos privadas. O intercessor emite uma nova música, "o eco de uma vibração mais secreta" (Deleuze, 2006a, p. 20); mas também incorpora o teatro, que "é o movimento real e extrai movimento real" (Deleuze, 2006a, p. 30). Seu processo é a repetição captando a imanência e prolongando a interioridade de seus movimentos.

Por isso, o teatro aparece em *Diferença e repetição* como dimensão das "forças puras, traçados dinâmicos no espaço [...]; uma linguagem que fala antes das palavras, gestos que se elaboram antes dos corpos organizados, máscaras antes das faces, espectros e fantasmas antes das personagens – todo o aparelho da repetição como 'potência terrível'" (Deleuze, 2006a, p. 31). Ainda que mais tarde o vocabulário do teatro seja abandonado pelo da usina social do desejo esquizo, pelas multiplicidades vegetais dos rizomas, pela variação musical e marítima dos espaços lisos ou pela máquina de guerra nômade, traímos o teatro para permanecermos fiéis à sua descoberta: a dramatização do movimento real e virtual que o drama arrebatava.

Repetir não é um ato de interpretação autêntica nem de apropriação indébita, mas um processo de despersonalização e ressingularização recíprocas. Atinge tanto o repetidor quanto o repetido. Reinstala ambos no *meio* de um devir assimétrico. Que Deleuze possa praticar uma filosofia dos intercessores enquanto reivindica um nome próprio, resulta "do mais severo exercício de despersonalização" (Deleuze, 2008, p. 15).

"Tornamo-nos um conjunto de singularidades soltas, de nomes, sobrenomes, unhas, animais, pequenos acontecimentos [...]" (Deleuze, 2008, p. 15), a fim de escrever em fluxo, não em código. Eis o que torna seu encontro com Guattari inteiramente especial: "a maneira como nós nos entendemos, completamos, despersonalizamos um no outro, singularizamo-nos um através do outro, em suma, nos amamos" (Deleuze, 2008, p. 16). Entre intercessores, não existe troca, mas interferência, o que "acontece por dom ou captura" (Deleuze, 2008, p. 156).

A repetição é o movimento dos intercessores. E repetir implica inserir-se num movimento em curso, "em uma onda preexistente", o que também é uma maneira de captar um movimento e colocá-lo "em órbita" (Deleuze, 2008, p. 151), siderá-lo. Exige um tipo de despersonalização radical que força a "se fazer aceitar pelo movimento de uma grande vaga, de uma coluna de ar ascendente" (Deleuze, 2008, p. 151).

Implica recusar-se a lançar abstrações, proclamar valores eternos, retornar ao problema das origens ou dos fins. Tudo não passa de pontos de bloqueio, sintomas de uma época que, na falta de conseguir *fazer* o movimento, parou de exorcizar o imobilismo. Uma cáustica e conhecida crítica aos direitos do homem nos faz perceber que é quando parecemos estar o mais distante do direito que Deleuze nos recorda da sua imagem inercial:

> Hoje são os direitos do homem que exercem a função de valores eternos. É o estado de direito e outras noções que, todos sabem, são muito abstratas. E é em nome disso que se breca todo pensamento, que todas as análises em termos de movimento são bloqueadas. [...] se as opressões são terríveis é porque impedem os movimentos, e não porque se ofende o eterno (Deleuze, 2008, p. 151-152).

Em *Ódio ao direito*, tentamos nos instalar no movimento da filosofia do direito de Deleuze, tomando-o como um intercessor. Invocamos a relação entre os intercessores e a potência terrível da repetição. Mais do que interpretar, este livro gostaria de funcionar como um *repetidor* que amplifica sinais, signos, afetos e fluxos. Ele quer colocar a jurisprudência em órbita, instalar-se no movimento da filosofia do direito de Deleuze, e sondar em que direções inéditas (e, ainda, íntimas) os movimentos da jurisprudência podem ser amplificados.

A literatura que se ocupou da filosofia do direito de Deleuze nas últimas duas décadas desenvolveu um sem-número de direções mais ou menos instigantes. Todavia, acabou deixando na penumbra intercessores como Tarde, Simondon e Guattari. Com isso, na maior parte dos casos, permaneceu intacto um aglomerado de interferências e invenções inauditas, que poderiam reconfigurar o direito tal como ele existe e é praticado.

Essa foi a direção em que tentamos desenvolver ao falar em uma *jurisprudência dos corpos,* como modulações de conteúdo-expressão indissociáveis do campo social. Por um lado, conceitos como formações sociais, crise das disciplinas, palavras de ordem, agenciamentos jurídicos, prolongamentos de singularidades, grupos de usuários e ritornelo nos parecem centrais para compreender de que maneira Deleuze entende e propõe uma filosofia do direito.

Por outro lado, ao propor ideias como o *nómos* das sociedades de informação, comunicação e controle, a crise das leis e dos moldes, a indeterminação dos controles, o hilemorfismo em transe, a instituição e o inconsciente, os agenciamentos jurídicos, a pragmática das singularidades, as transindividuações, os equipamentos coletivos, monadologia e ecologias, as lutas e os ritmos, tentamos prolongar algumas das singularidades latentes na filosofia do direito de Deleuze que poderiam nos ajudar com os problemas do hoje.

Procuramos fabricar nossos intercessores. Ao fazê-lo, tentamos fabricar, também, um Deleuze intercessor. Deleuze como um fator móvel de intensificação dos problemas que nos correspondem; um foco multiplicador de interferências que pudessem inventar as fugas e fazer fugirem as invenções. É preciso inventar as interferências para que as interferências fabriquem as invenções. Para tanto, abandonamos a crítica como faculdade do julgar em proveito do *fazer existir*. Renunciamos a toda filosofia das preposições para pensar as transformações conjuntivas. Mais do que suspeitar das interpretações que fizeram as teses deleuzianas cúmplices do direito tal como ele existe, procuramos também ultrapassar a celebração dos valiosos intérpretes que conseguiram fazê-lo escapar desse pobre destino.

Deleuze fabrica intercessores que contradizem o direito tal como ele existe. Nesse processo, transforma o direito num intercessor para as relações entre movimentos e instituições; entre tensões pré-revolucionárias e fluxos transformativos; entre os problemas e as soluções precárias; ou mesmo entre a tendência do direito à coerência consigo e as disparações do campo social a que ele pretensamente corresponde. Assim, faz fugir as imagens tradicionais em que o direito foi essencializado, e em vez de nos legar uma nova imagem do direito, nos dá a pensar *um direito sem imagem*.

O direito não se reduz nem à sua imagem deôntica (dever-ser transcendente e jusnaturalista, ou pseudoimanente e positivista); nem à sua renovação hermenêutica (efeito de interpretação ou de linguagem na esfera dos valores); nem ao seu torniquete sociológico (direito como fato social que decorre da dominação e dos dimorfismos sempre e já estruturados); menos, ainda, da sua versão catastrófica (direito como forçosa expressão de uma violência congênita, fundamental e de Estado). Esse é o álbum de retratos gastos, o relicário de imagens eternamente impotentes, que a filosofia do direito de Deleuze poderia fazer arder na fogueira de sua nova invenção de interferências.

Seja em suas exposições mais ingênuas, seja em suas versões mais críticas, o que todas as imagens do direito deixam intocado é um imenso arsenal de relações entre o direito e uma filosofia do campo social que é, também, uma política de seus movimentos. Isto é, uma maquinação coletiva do desejo involuntário e molecular que se encontra distribuído por toda parte: resistindo, cedendo, negociando, operando e deixando-se operar no regime molecular, mas também molar, das lutas e dos ritmos.

Todas as lutas e todos os ritmos exprimem a conjugação entre equipamentos coletivos e usuários: suas transduções mútuas e objetivações de linhas de subjetividade; a interferência, por vezes criadora, de suas repetições-oposições; as acoplagens lógicas e as harmonias precárias das suas adaptações; a propagação de invenções que procedem do aporte e da instalação de gérmens ávidos em correntes de repetição. Onde quer que haja uma singularidade germinal em tensão com uma estrutura, encontraremos grupos de usuários operando uma jurisprudência dos corpos, passando do direito à política.

Nesse nível, em que tudo soa muito abstrato, nada poderia ser mais concreto. Tão concreto quanto são infinitesimais as emissões do desejo, as circulações das crenças, o labor infinito das interferências na composição de ecologias de relações compossíveis. O que fica geralmente intocado é a coleção de relações entre o direito e uma filosofia do campo social, sem antropomorfismo, que se encontra no prolongamento de cosmologias infinitesimais, múltiplas, politicamente agenciáveis pelo *díspar*, pelas *matéria de opção* inconscientes e pela avidez germinal que Deleuze e Guattari irão revolver ao proporem uma política do desejo que precede o ser. O direito opera, e é operado, nos termos de posições e de fluxos de desejo extrapsíquicos e inconscientes, não antropomórficos e dessubstancializados.

Passar do direito à política é, precisamente, engajar-se nesse movimento global de individuação, que parte do questionamento radical de um equipamento coletivo, das ecologias existenciais que ele admite, e do regime de compossibilidades ao qual ele dá consistência. Esse questionamento é, por um lado, uma explosão de vetores de subjetivação que convergem topicamente num *desejo de outra coisa* – mar de desejos, torrencial de singularidades moleculares que tomam corpo e fazem corpo em nós. É uma jurisprudência dos corpos, não por unificação e totalização, mas por contágio transindividual ou potenciais de comunicação transversal.

Por outro lado, esse questionamento exprime a tensão pré-revolucionária e a formação dos termos de um problema que, pouco a pouco, vão ser agenciados sob a forma de enunciados coletivos – evento de sentido que prolonga as singularidades na direção de uma conversão subjetiva e de uma transdução da estrutura, do equipamento, dos modos de existência e de compatibilidade de uma dada ecologia de relações. Trata-se de individuações que, por meio de operações transdutivas, que se propagam de próximo em próximo, podem produzir subjetivações de grupo, modular equipamentos coletivos e prefigurar instituições.

Eis o que está em jogo na filosofia do direito de Deleuze, e daí porque ela é indissociável de uma filosofia do campo social: questionar radicalmente um equipamento coletivo; recompor territórios transindividuais; ganhar certo controle sobre os meios de expressão e modular os ritmos. Aí, o direito se torna um transformador *entre* as lutas e os ritmos, que opera a passagem das lutas aos ritmos e dos ritmos às lutas. Operador possível não apenas de novas relações ecológicas, compositivas de seus termos, mas também expansor dos compossíveis de mundos e de relações emergentes.

Se, por um lado, só podemos compreender o que Deleuze quis dizer sobre o direito através do movimento de seus intercessores menos evidentes, por outro, só atingimos toda a amplitude de suas teses ao reconectá-las a uma filosofia do campo social cujo caráter cosmológico elimina todo resíduo hilemórfico e antropomórfico.

A forma e o humano são as últimas fronteiras de um direito moderno que está em vias de se transformar em função de três questões disparadoras de novas relações e regimes globais de compossíveis: i) a molecularização da subjetividade política e seus deslizamentos em rede, tensionados por impasses de singularização, como as totalizações identitárias; ii) a reconfiguração global das relações de compossibilidade existencial na iminência da catástrofe ecológica; iii) a crescente introdução de novas técnicas e tecnologias que articulam o molecular e o molar sem humanismo nem hilemorfismo, como fluxos dividuais e *quanta* de informação.

A nossa crise já não é a dos dispositivos de confinamento das sociedades disciplinares, mas a dos controles sobre equipamentos coletivos de que somos todos usuários, porque articulam planos de referências existenciais: a usinagem psíquica e libidinal (que deixa de ser um atributo exclusivo do humano), as ecologias de relações e compossibilidades que englobam a terra, os vivos e as técnicas. Nossa crise é a crise dos controles, das modulações de compossibilidades dessas relações e da sua organização capitalística.

A dificuldade de nosso tempo é a de passar dos ritmos atuais ao por vir das lutas, e das lutas por vir a novos ritmos de compossíveis. É nos termos desta crise, e das lutas (inumana, ecológica e técnica) que se envolvem nela, que a filosofia do campo social pressuposta pelas teses de Deleuze sobre o direito se torna mais pregnante.

Pensá-la como uma jurisprudência criadora, tomada por grupos de usuários, e que opera por prolongamentos de singularidades, nos coloca no coração da luta do nosso tempo, que é a da invenção das lutas para operar os ritmos, operar a modulação. É aí que um direito que já é "antidisciplinar e livre de toda relação com a soberania" (Foucault, 2002, p. 47) readquire uma importância capital.

Um direito experimentado como prática social de agenciamentos livres e como operação política de modulações ecológicas, que se processa entre as lutas e os ritmos; entre as tensões problemáticas, estados pré-revolucionários e transformações iminentes e a produção de novos estados de compossibilidade. Estes que, por sua vez, colocam em movimento novos problemas, e põem em órbita novamente os corpos e as operações da jurisprudência.

Referências

Agamben, Giorgio. *O que é o contemporâneo?* e outros ensaios. Chapecó: Argos, 2009.

_____. *O sacramento da linguagem.* Arqueologia do juramento. (Homo sacer II, 3). Belo Horizonte: Editora UFMG, 2011.

_____. *Qu'est-ce que le commandement?* Paris: Éditions Payot et Rivages, 2013.

Aguirre, Gonzalo Sebastián. Normatividad entre esteticidad y tecnicidad según Simondon: hacia una Estética del Derecho como Mecanología de las normas jurídicas. *ARS (São Paulo)*, *17*(35), 19–42. https://doi.org/10.11606/issn.2178-0447.ars.2019.152462

Alizart, Mark. *Informatique céleste.* Paris: Presses Universitaires de France, 2017.

Alliez, Éric. (Org.). *Gilles Deleuze:* uma vida filosófica. São Paulo: Editora 34, 2000.

Althusser, Louis. *Ideologia e aparelhos ideológicos de Estado.* Lisboa: Presença, s.d.

Aristóteles. *Metafísica.* São Paulo: Loyola, 2002.

Arrosi, João Paulo. *Nómos* ou a emergência da ordem. Fragmentos de uma história das formas jurídica. 177 f. Tese (Doutorado em direito) – PPGD, UFPR, Curitiba, 2021.

Austin, John. L. *How to do things with words.* Oxford: Oxford University Press, 1962.

Badiou, Alain. *A república de Platão* recontada por Alain Badiou. Rio de Janeiro: Zahar, 2014.

_____. *Em busca do real perdido.* Belo Horizonte: Autêntica, 2017.

Barthes, Roland. *S/Z.* Rio de Janeiro: Nova Fronteira, 1992.

Bergson, Henri. *Œuvres.* Paris: Presses Universitaires de France, 2001.

Bobbio, Norberto. *Teoria geral do direito.* 3. ed. São Paulo: Martins Fontes, 2010.

Borges, Guilherme Roman. *O direito erotizado*: ensaios sobre a experiência do fora e do novo na constituição de um discurso jurídico transgressional. 188 fl. Dissertação (Mestrado em direito) PPGD, UFPR, Curitiba, 2005.

Boulez, Pierre. *A música hoje*. São Paulo: Perspectiva, 2017.

Bourdieu, Pierre. *Méditations pascaliennes*. Paris: Seuil, 2003.

Braidotti, Rosi; Colebrook, Claire; Hanafin, Patrick. (Eds). *Deleuze and law*: forensic futures. London: Palgrave-MacMillan, 2009.

______; Pisters, Patricia. (Eds). *Revisiting normativity with Deleuze*. London: Bloomsbury, 2012.

Bria, Francesca; Morozov, Eugeny. *A cidade inteligente*. Tecnologias urbanas e democracia. São Paulo: Ubu Editora, 2019.

Bridle, James. *A nova idade das trevas*. A tecnologia e o fim do futuro. São Paulo: Todavia, 2019.

Brott, Simone. Deleuze and 'The Intercessors'. *Log*, n. 18 (Winter 2010), Anycorp, pp. 135-151.

Burroughs, William. S. The limits of control. *In*: J. Grauerholz & I. Silverberg (Eds.). *Word virus*: the William S. Burroughs reader. Nova York: Grove Press, 2000 [Formato epub].

Castro, Edgardo. *Lecturas foucaulteanas*. Una historia conceptual de la biopolítica. UNIPE Editorial Universitaria, 2011.

Chun, Wendy H. K. On "sourcery", or code as fetish. *Configurations*, v. 16, n. 3, Fall 2008, p. 299-324. Doi: 10.1353/con.0.0064. Disponível em: <muse.jhu.edu/journals/con/summary/v016/16.3.chun.html.

Cocco, Giuseppe. *Trabalho e cidadania*. Produção e direitos na crise do capitalismo global. 3. ed. São Paulo: Cortez, 2012.

______; Corrêa, Murilo Duarte Costa. Capitalismo de vigilância e lutas algorítmicas. *MATRIZes* (USP), 18(1), 2024, p. 105-125. Disponível em: https://doi.org/10.11606/issn.1982-8160.v18i1p105-125.

Combes, Muriel. *Simondon*. Una filosofía del transindividual. Buenos Aires: Cactus, 2017.

Corrêa, Murilo Duarte Costa. *direito e ruptura*. Ensaios para uma filosofia do direito na imanência. Curitiba: Juruá, 2013.

______; Mello, Eduardo Reis de. "O homem que é propenso a cometer um crime": o paradigma indiciário e o racismo de Estado no cientificismo policial do século XIX. *Passagens*. Revista Internacional de História Política e Cultura Jurídica. Rio de Janeiro.

Vol. 12, n. 1, janeiro-abril, 2020, p. 106-125. Doi: 10.15175/1984-2503-202012106.

Creenshaw, Kimberly. Demarginalizing the Intersection of Race and Sex: A Black Feminist Critique of Antidiscrimination Doctrine, Feminist Theory and Antiracist Politics, *University of Chicago Legal Forum*: Vol. 1989: Iss. 1, Article 8. Disponível em: http://chicagounbound.uchicago.edu/uclf/vol1989/iss1/8.

Cusset, François. *Filosofia francesa*: a influência de Foucault, Derrida, Deleuze & Cia. São Paulo: Artmed, 2008.

Dardot, Pierre; Laval, Christian. *A nova razão do mundo*. Ensaio sobre a sociedade neoliberal. São Paulo: Boitempo, 2016.

Deleuze, Gilles. *A dobra*. Leibniz e o barroco. Campinas: Papirus, 2012.

______. *A ilha deserta e outros textos*. São Paulo: Iluminuras, 2006b.

______. *Conversações*. São Paulo: Editora 34, 2008.

______. *Derrames* entre el capitalismo y la esquizofrenia. Buenos Aires: Cactus, 2005.

______. *Diferença e repetição*. 2.ed. Rio de Janeiro: Graal, 2006a.

______. *Dois regimes de loucos*. Textos e entrevistas (1975-1995). São Paulo: Editora 34, 2016.

______. *El poder*. Curso sobre Foucault. Tomo II. Buenos Aires: Cactus, 2014.

______. *Empirismo e subjetividade*: ensaio sobre a natureza humana segundo Hume. São Paulo: Editora 34, 2001a.

______. *Foucault*. Paris: Les Éditions de Minuit, 1986.

______. *Lettres et autres textes*. Paris: Les Éditions de Minuit, 2015.

______. Lógica *do sentido*. 4. ed. São Paulo: Perspectiva, 2007.

______. *Nietzsche e a filosofia*. Porto: Rés-Editora, 2001b.

______. *Péricles et Verdi*. La philosophie de François Châtelet. Paris: Les Éditions de Minuit, 1988.

______. *Proust e os signos*. Rio de Janeiro: Forense Universitária, 2006c.

______. *Sacher-Masoch*: o frio e o cruel. Rio de Janeiro: Zahar, 2009.

_____; Guattari, F. *Kafka*: para uma literatura menor. Lisboa: Assírio & Alvim, 2003.

_____; ______. *Mil platôs*. Capitalismo e esquizofrenia. Vol. 1. São Paulo: Editora 34, 1995a.

_____; _____. *Mil platôs*. Capitalismo e esquizofrenia. Vol. 2. São Paulo: Editora 34, 1995b.

_____; _____. *Mil platôs*. Capitalismo e esquizofrenia. Vol. 3. São Paulo: Editora 34, 1996.

_____; _____. *Mil platôs*. Capitalismo e esquizofrenia. Vol. 4. São Paulo: Editora 34, 1997a.

_____; _____. *Mil platôs*. Capitalismo e esquizofrenia. Vol. 5. São Paulo: Editora 34, 1997b.

_____; _____. *O anti-édipo*: capitalismo e esquizofrenia. São Paulo: Editora 34, 2010.

_____.; _____. *O que é a filosofia*? São Paulo: Editora 34, 2007.

_____.; Parnet, Claire. *Dialogues*. Paris: Flammarion, 1996.

Dosse, François. *Gilles Deleuze & Félix Guattari*: biografia cruzada. São Paulo: Artmed, 2010.

Ducrot, Oswald. *Dire et ne pas dire*. Principes de sémantique linguistique. Paris: Hermann, 1972.

Durkheim, Émile. *As regras do método sociológico*. São Paulo: Martins Fontes, 2007.

Dworkin, Ronald. *O império do direito*. São Paulo: Martins Fontes, 2014.

Eribon, Didier. *Michel Foucault*. Paris: Flammarion, 1989.

Espinosa, Baruch de. *Ética*. Belo Horizonte: Autêntica, 2007.

Eubanks, Virginia. *Automating inequality*. How high-tech tools profile, police and punish the poor. Nova York: Saint-Martin's Press, 2018.

Finn, Ed. *What algorithms want*. Imaginations in the age of computing. Cambridge: The MIT Press, 2017.

Foucault, Michel. *Dits et écrits* Vols. I e II. Paris: Quarto/Gallimard, 2001.

_____. *Em defesa da sociedade*. São Paulo: Martins Fontes, 2002.

_____. *História da sexualidade 1*: a vontade de saber. Rio de Janeiro: Graal, 2009.

_____. *História da sexualidade 2:* o uso dos prazeres. Rio de Janeiro: Graal, 2007.

_____. *Microfísica do poder*. Rio de Janeiro: Graal, 2011.

_____. *Segurança, território, população*. São Paulo: Martins Fontes, 2008b.

_____. *Vigiar e punir.* Nascimento da prisão. Petrópolis: Vozes, 1999.

Galloway, Alexander R. *Protocol*: how control exists after decentralization. Cambridge: The MIT Press, 2004.

Griziotti, Giorgio. *Neurocapitalisme*: pouvoirs numériques et multitudes. Caen: C&F Éditions, 2016.

Guattari, Félix. *Caosmose*: um novo paradigma estético. São Paulo: Editora 34, 1992.

_____. *Lignes de fuite:* pour un autre monde des possibles. Paris: Éditions de l'Aube, 2011a.

_____. *Os anos de inverno*: 1980-1985. São Paulo: n-1 edições, 2022.

_____. *Psicanálise e transversalidade*: ensaios de análise institucional. Aparecida: Ideias e letras, 2004.

_____. *Revolução molecular: pulsações políticas do desejo*. São Paulo: Brasiliense, 1981.

_____. *The machinic unconscious*. Essays in schizoanalysis. Los Angeles: Semiotexte, 2011b.

Han, Byung-Chul. *En el enjambre*. Barcelona: Herder, 2014.

_____. *Psicopolítica*. O neoliberalismo e as novas técnicas de poder. Belo Horizonte: Editora Âyiné, 2018.

Haraway, Donna J. *Staying with the trouble*: making kin in the Chthulucene. Durham: Duke University Press, 2016.

Hayles, Katherine N. *My mother was a computer.* Digital subjects and literary texts. Chicago: The University of Chicago Press, 2005.

Hobbes, Thomas. *Do cidadão*. São Paulo: Martins Fontes, 2002.

Holmes Jr., Oliver Wendell. *La voie du droit*. Paris: Éditions Dalloz, 2014.

Introna, Lucas D. Algorithms, performativity and governability. (Early draft). May, 15th, 2013. Disponível em: https://governingalgorithms.org/wp-content/uploads/2013/05/3-paper-introna.pdf.

_____. Algorithms, governance, and governmentality: on governing academic writing. *Science, Technology, & Human Values*. 2016, 41(1), pp. 17-49. Disponível em: https://journals.sagepub.com/doi/10.1177/0162243915587360.

Jaeger, Werner. *Paideia*. A formação do homem grego. São Paulo: Martins Fontes, 2003.

Jhering, Rudolf von. *A luta pelo direito*. São Paulo: Saraiva, 2015.

Kant, Immanuel. *Crítica da razão pura*. Petrópolis: Vozes, 2015a.
______. *Crítica da razão prática*. Petrópolis: Vozes, 2015b.
Katz, Yarden. *Artificial whiteness*. Politics and ideology in Artificial Intelligence. Nova York: Columbia University Press, 2020.
Kelsen, Hans. *Teoria geral do direito e do Estado*. 4. ed. São Paulo: Martins Fontes, 2005.
______. *Teoria pura do direito*. 8. ed. São Paulo: Martins Fontes, 2011.
Khannanov, Ildar. Line, surface, speed: nomadic features of melody. *In*: Hulse, B.; Nesbitt, N. *Sounding the virtual*: Gilles Deleuze and the theory and philosophy of music. Farnham: Ashgate, 2010, p. 249-267.
Krtolica, Igor. *Gilles Deleuze*. Paris: Presses Universitaires de France, 2015.
L'Abécédaire de Gilles Deleuze. Direção de Pierre-André Boutang. Paris: Éditions Montparnasse, 2004. 3 DVD (453 min.).
Labelle, Brandon. *Agência sônica*: som e formas emergentes de resistência. Rio de Janeiro: Numa Editora, 2022.
Lalande, André. *Vocabulaire technique et critique de la philosophie*. Paris: Presses Universitaires de France, 2010.
Lanier, Jaron. *Ten arguments for deleting your social media accounts right now*. Nova York: Harry Holt and Company, 2018.
Larenz, Karl. *Metodologia da Ciência do direito*. Lisboa: Fundação Calouste Gulbenkian, 1997.
Laroche, Emmanuel. *Histoire de la racine nem- en grec ancien*. Paris: Klincksieck, 1949.
Latour, Bruno. *Changer de société, refaire de la sociologie*. Paris: La Découverte, 2007.
______. Gabriel Tarde and the end of social. *In:* Joyce, Patrick (Ed.). *The social in question: new bearings in history and the social sciences*. London: Routledge, 2002, p. 117-132.
______. *La fabrique du droit*: une ethnographie du Conseil d'État. Paris: La Découverte, 2002a.
Lazzarato, Maurizio. *As revoluções do capitalismo*. Rio de Janeiro: Civilização Brasileira, 2006.
______. *O governo do homem endividado*. São Paulo: n-1 edições, 2017.

Lefebvre, Alexandre. *The image of the law*: Deleuze, Bergson, Spinoza. Stanford: Stanford University Press, 2008.

Leibniz, Gottfried. *A monadologia* e outros textos. São Paulo: Hedra, 2009.

Lordon, Frédéric. *La société des affects*: pour un estructuralisme des passions. Paris: Les Éditions du Seuil, 2013.

MacLean, James. *Rethinking law as process.* Creativity, novelty, change. Nova York: Routledge, 2012.

Marneros, Christos. *Human rights after Deleuze:* towards and an--archic jurisprudence. Oxford: Hart publishing, 2022

Marx, Karl. *O capital.* Crítica da economia política. Livro 1, volume 1. Rio de Janeiro: Civilização Brasileira, 2017.

McLuhan, Marshall. *Os meios de comunicação como extensões do homem*. São Paulo: Cultrix, 2011.

Mengue, Philippe. *Faire l'idiot*. La politique de Deleuze. Paris: Germima, 2013.

Millet, Jean. *Gabriel Tarde et la philosophie de l'histoire*. Paris: Vrin, 1970.

Montebello, Pierre. *Deleuze*: la passion de la pensée. Paris: Vrin, 2008.

Moore, Natham. "A distant hand fell from his shoulder". *Law and critique*, n. 11, v. 2. Dordrecht: Kluwer Academic Publishers, 2000, p. 185-200.

_____. "Icons of control: Deleuze, signs, law". *International Journal for the Semiotics of Law*, n. 20, v. 1, 2007, p. 33-54.

_____. "The perception of the middle. *In:* Sutter, L. de; McGee, K. *Deleuze and law*. Edimburgo: Edinburgh University Press, 2012. [E-PUB].

Morozov, Eugeny. *Big tech*. A ascensão dos dados e a morte da política. São Paulo: Ubu Editora, 2018.

Morton, Timothy. *Hyperobjects*. Philosophy and ecology after the end of the world. Mineápolis: University of Minnesota Press, 2013.

Murray, Jamie. *Deleuze and Guattari:* emergent law. Nova York: Routledge, 2013.

Mussawir, Edward. *Jurisdiction in Deleuze*: the expression and representation of law. Nova York: Routledge, 2011.

Negri, Antonio. *La fabricá de porcelana*: una nueva gramática de la política. Barcelona: Paidós, 2008.

______. Hardt, Michael. *O trabalho de Dioniso*: para a crítica do estado pós-moderno. Juiz de Fora: Pazulin/UFJF, 2004.

Nietzsche, Friedrich W. *A genealogia da moral*. Uma polêmica. São Paulo: Companhia das Letras, 2008.

O'Neil, Cathy. *Algoritmos de destruição em massa*. Como o *big data* aumenta a desigualdade e ameaça a democracia. Santo André: Rua do Sabão, 2020.

Ortega, Francisco. *Amizade e estética da existência em Foucault*. Rio de Janeiro: Graal, 1999.

Parisi, Luciana. *Contagious architecture*. Computation, aesthetics, and space. Cambridge: The MIT Press, 2013.

Parikka, Jussi. *A geology of media*. Mineápolis: University of Minnesota Press, 2015.

Pasquinelli, Matteo. Machines that morph logic: Neural networks and the distorted automation of intelligence as statistical inference. *Glass Bead*, v. 1, n. 1, 2017. Disponível em: https://www.glass-bead.org/article/machines-that-morph-logic/.

Patton, Paul. *Deleuze and the political*. Nova York: Routledge, 2000.

______. Political normativity and poststructuralism: the case of Gilles Deleuze. Berlin, Germany: *Vortrag ins Institutscolloqium des Philosophischen Instituts der Freien Universitat*. 15.11.2007. Disponível em: http://www.uu.nl/SiteCollectionDocuments/GW/GW_Centre_Humanities/political-normativity-deleuze.pdf.

Pélbart, Peter Pál. Peter Pál. *Vida capital*: ensaios de biopolítica. São Paulo: Iluminuras, 2003.

Pentland, Alex "Sandy". A Perspective on Legal Algorithms. *MIT Computational Law Report*. Review de 25 de maio de 2020. Disponível em: https://law.mit.edu/pub/aperspectiveonlegalalgorithms.

Perelman, Chaïm. *Ética e direito*. São Paulo: Martins Fontes, 1996.

Pettman, Dominic. *Infinite distraction*. Paying attention to social media. London: Polity Press, 2016.

Platão. *A república*. Lisboa: Fundação Calouste Gulbenkian, 2012.

Pietropaoli, Stefano. *Carl Schmitt*: uma introdução. Curitiba: Editora UFPR, 2019.

Rancière, Jacques. *La mésentente*. Politique et philosophie. Paris: Galilée, 1995.

Raunig, Gerald. *Dividuum*: machinic capitalism and molecular revolution. Los Angeles: Semiotexte, 2016.

Rawls, John. *A theory of justice*. Cambridge: Harvard University Press, 1971.

Renault, Alain; Sosöe, Lukas. *Philosophie du droit*. Paris: PUF, 1991.

Rodríguez, Pablo Manolo. *Las palabras en las cosas*. Saber, poder y subjetivación entre algoritmos y biomoléculas. Buenos Aires: Cactus, 2019.

Sauvagnargues, Anne. *Deleuze*. L'empirisme transcendental. Paris: PUF, 2009.

Schmitt, Carl. *O nómos da terra no direito das Gentes do jus publicum europæum*. Rio de Janeiro: Contraponto, 2014.

Simondon, Gilbert. *A individuação à luz das noções de forma e informação*. São Paulo: Editora 34, 2020a.

_____. *Do modo de existência dos objetos técnicos*. Rio de Janeiro: Contraponto, 2020b.

_____. *Imaginación e invención*. Buenos Aires: Cactus, 2013.

Srnicek, Nick. *Platform capitalism*. London: Polity Press, 2017.

Sutter, Laurent de. *Après la loi*. Paris: Presses Universitaires de France, 2018a.

_____. Défense et illustration du réalisme juridique. *In*: Holmes Jr., Oliver Wendell. *La voie du droit*. Paris: Éditions Dalloz, 2014.

_____. *Deleuze*, a prática do direito. Ponta Grossa: Editora UEPG, 2019.

_____. *Deleuze*, la pratique du droit. Paris: Michalon, 2009.

_____. *Hors la loi*. Théorie de l'anarchie juridique. Paris: Les Liens Qui Libérent, 2021.

_____. *Johnsons & shits*. Notes sur la pensée politique de William Burroughs. Paris: Éditions Léo Scheer, 2020.

_____. *Post-tribunal*. Renzo Piano Building Workshop et l'île de la cité judiciaire. Éditions B2: Rennes, 2018b.

Tarde, Gabriel. *As leis sociais*. Um esboço de sociologia. Niterói: Editora da UFF, 2011.

______. *Creencias, deseos, sociedades*. Buenos Aires: Cactus, 2001.

______. *Les transformations du droit*. Paris: Félix-Alcan, 1893.

______. *Monadologia e sociologia*. São Paulo: Cosac Naify, 2007.

Terranova, Tiziana. *After the internet*: digital networks between capital and the common. Los Angeles: Semiotexte, 2022.

Thomas, Yan. *Les opérations du droit*. Paris: Gallimard/Seuil, 2011.

Tonkonoff, Sergio. *From Tarde to Foucault and Deleuze*: the infinitesimal revolution. Nova York: Palgrave MacMillan, 2017.

______. (2023). Individuo, sociedad y campo social. Aproximaciones a la sociología infinitesimal de Gabriel Tarde. *Universitas-XXI*, 38, 2023, pp. 231-252. Disponível em: https://doi.org/10.17163/uni.n38.2023.10.

Unger, Roberto Mangabeira. *The critical legal studies movement*. Cambridge: Harvard University Press, 1983.

United Kingdom. The Supreme Court. Uber BV and others (Appellants) v Aslam and others (Respondents). [2021] UKSC 5, on appeal from: [2018] EWCA Civ 2748. Feb 19, 2021. Disponível em: https://www.supremecourt.uk/cases/docs/uksc-2019-0029-judgment.pdf.

United States of America. U.S. District Court for the Eastern District of Missouri. Emma DeGraffenreid et al. (Plaintiffs) v. General motors assembly division, st. Louis, a corporation, et al., (Defendants). Nº 75-487, C (3). May 4, 1976. Disponível em: https://law.justia.com/cases/federal/district-courts/FSupp/413/142/1660699/.

Veyne, Paul. *Foucault*: seu pensamento, sua pessoa. Rio de Janeiro: Civilização Brasileira, 2011.

Warat, Luis Alberto. *Manifesto do surrealismo jurídico*. São Paulo: Acadêmica, 1988.

______. *Territórios desconhecidos*. A procura surrealista pelos lugares do abandono do sentido e da reconstrução da subjetividade. Vol. I. Florianópolis: Fundação Boiteux, 2004.

Ward, Ian. *An introduction to critical legal theory*. Londres: Cavendish Publishing, 1998.

Wark, Mackenzie. The vectorialist class. *E-flux journal*, n. 56, 29 de agosto de 2015. Disponível em: http://supercommunity.e-flux.com/texts/the-vectoralist-class/.

Wood, James. *Como funciona a ficção*. São Paulo: Cosac Naify, 2014.

Zartaloudis, Thannos. *The birth of nomos*. Edimburgo: Edinburgh University Press, 2019.

Zourabichvili, François. Deleuze e o possível. (Sobre o involuntarismo na política) *In:* Alliez, É. (Org.). *Gilles Deleuze:* uma vida filosófica. São Paulo: Editora 34, 2000, p. 333-355.

Zuboff, Shoshana. *A era do capitalismo de vigilância*. A luta por um futuro humano na nova fronteira do poder. Rio de Janeiro: Intrínseca, 2021.